SCIENCE AT YOUR SIDE SERIES
科学在你身边系列

盛文林文化◎编著

# 让你大开眼界的
# 科学奇迹

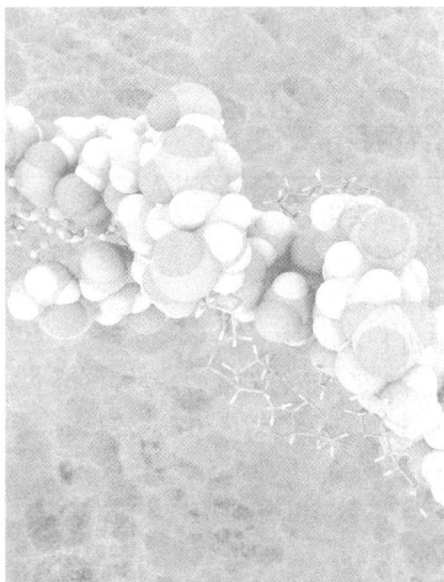

利用身边自然科学资源，培养学生科学创造能力。
以学生兴趣和内在需要为基础，
充分挖掘身边资源，
提高学生的综合素质能力。

延边大学出版社

**图书在版编目（CIP）数据**

让你大开眼界的科学奇迹 / 盛文林文化编著. —延
吉：延边大学出版社，2012.6（2021.4 重印）
（科学在你身边系列）
ISBN 978-7-5634-4920-0

Ⅰ．①让… Ⅱ．①盛… Ⅲ．①科学知识－普及读物
Ⅳ．① Z228

中国版本图书馆 CIP 数据核字（2012）第 123341 号

## 让你大开眼界的科学奇迹

编　　著：盛文林文化
责任编辑：李东哲
封面设计：映像视觉
出版发行：延边大学出版社
社　　址：吉林省延吉市公园路 977 号　邮编：133002
电　　话：0433-2732435 传真：0433-2732434
网　　址：http://www.ydcbs.com
印　　刷：三河市祥达印刷包装有限公司
开　　本：16K　155 毫米 × 220 毫米
印　　张：11 印张
字　　数：120 千字
版　　次：2012 年 6 月第 1 版
印　　次：2021 年 4 月第 3 次印刷
书　　号：ISBN 978-7-5634-4920-0
定　　价：36.00 元

前言

　　人类社会从凿穴而居、茹毛饮血的原始生活到高度发达、高度文明的现实生活，依靠的是人类的集体智慧。在漫长的历史岁月变迁中，一个个影响深远的科学成果得以诞生。那些令人叹服的科学成就犹如人类历史长河中的璀璨明珠，它们不仅是昨日的壮举，也是今天推动社会发展的原动力。

　　人类经过几千年的创造与探索活动，衍生了成千上万项科技成果。这些科技成果不但满足了人类生存和发展的需要，而且对造就我们今天的文明世界，起到了极为重要的作用，时至今日，科技发明无处不在，大到人造卫星、宇宙飞船、航空母舰，小到手提电脑、移动电话、数码相机；从工业、建筑、交通运输到医疗卫生、生命科学、生活领域，无所不包，这些科学奇迹会让你感慨科技的玄妙和伟大，正是它们的出现，才使人类生活的世界发生了翻天覆地的变化。

　　《让你大开眼界的科学奇迹》一书从生命医学、军事科学、工业科技、自然科学这四个与人类息息相关的方面来讲述人类科技奇迹的产生、应用及影响。读者可以通过阅读本书体验到科技的神奇，感受到发明者博大精深的智慧、深刻的思想，更可以大大开阔你的视野，让你在享受着沁人心脾的墨香的同时不断认识和了解我们生活的这个世界。

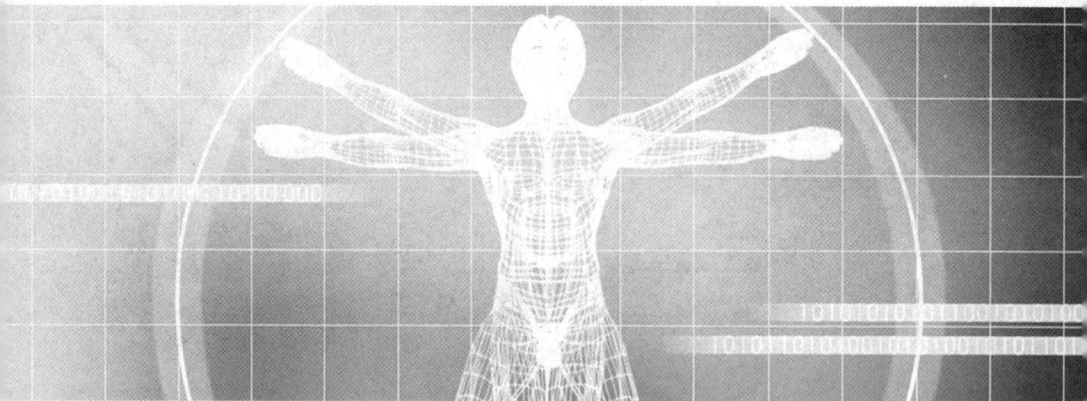

由于受资料选材范围和视野所限，书中定会有不足和遗漏，请读者给以批评指正，不胜感激。

# 目录

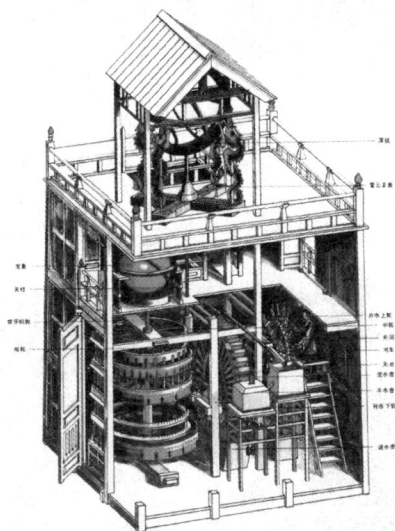

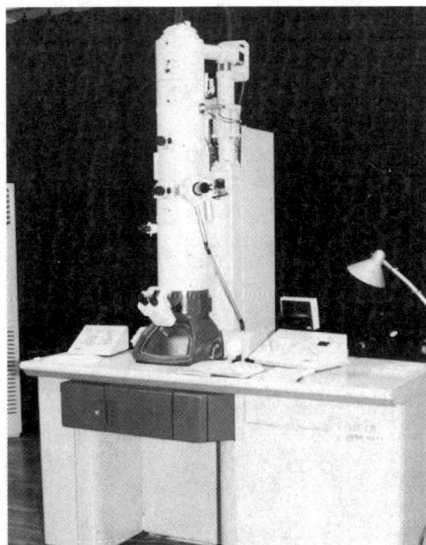

## 工业科技推进

CONTENTS 目录

# 自然科学探索

ZI RAN KE XUE TAN SUO

# 巧夺天工的浑天仪

在北京天文馆里，有一个大圆顶的天象厅。在那里，你可以坐在椅子上，惬意地仰观屋顶，宛如置身于茫茫无际的苍穹之中，清晰地看见点点繁星，其排列分布与实际的天象毫无二致。

可是，如果将时光倒转近两千年，当时的人们对于星星闪烁的夜空，有的只是神话般的憧憬和虔诚的膜拜。

在今天看来十分简单的一些问题，诸如，天是什么形状，地是什么模样，日月星辰又是怎样运转的，常常困扰着我们的祖先。

为了解释这些问题，一位东汉时期的科学家，以他天才的思维和巧夺天工的技艺，制成了世界上第一台自动天文仪器——"水运浑象"，也叫"浑天仪"，其作用相当于近代的天球仪。从某种意义上说，甚至相当于一个小小的天象馆。

这位多才多艺的科学家就是彪炳史册的张衡。

张衡于公元78年出生在河南南阳的一户官宦之家。在他还小的时候，家里比较穷，但家人还是节衣缩食地

张衡

供他读书。他学习十分刻苦，尤其爱好探究天地之间的奥秘。

17岁那年，张衡告别家人，开始四处云游，寻师访友。张衡先后游历了太华、终南，考察了关中，在长安、骊山驻足，最后来到了当时的京城洛阳。

在洛阳，张衡结交了不少饱学师友，他们常常聚在一起谈论天文、数学、历法。张衡从中学到了许多宝贵的知识，为他日后的成就奠定了扎实的基础。

后来，张衡在洛阳担任太史令。太史令的职责是掌管历法、观测天象，等等。凡是皇家婚丧诸事、祭祀大典、工程开工等，都要由太史令择定良辰吉日；遇到国家有吉祥的征兆和突异的事情，也要记录下来，向朝廷报告。

太史令这一职务，给了张衡得天独厚的科研条件，使得他有机会着手思考问题、分析问题，并提出解决的办法。

当时，对于天象运动，存在着两种解释：一种观点认为，天像一个斗笠，地像覆盖着的盘，日月星辰都沿着斗笠底移动。这种观点叫做"盖天说"。另一种观点认为，天地的形状、模样像个圆卵，天包着地就像卵包着黄那样，浑圆得有如弹丸一般。天一半在地上，一半在地下，地的南北两极固定在天两端，天和日月星辰都循着倾斜的方向而旋转。这种观点叫"浑天说"。

治学态度极为严谨的张衡，没有急于判定这两种观点谁是谁非，而是对天象进行了实际的观测和苦心的研究。最后，他接受了"浑天说"。

后来，他以"浑天说"为基础，加上自己观测天象的心得，提出了一整套在当时最为先进最为完备的浑天说。他指出，天是圆的，宇宙是无限的；并说明月光是日光的反照，月食是由于月球进入地球的暗影中而产生的。这些科学的创见和发现，使得张衡在世界天文学史上占有极其显赫的地位。

为了更好地解释"浑天说"，同时也是为了掌管天文历法工作的需要，张衡决定制造一个新型的天体模型，以此来准确、生动、通俗地显示天象的实际面貌。

首先，张衡把竹子劈成一根根又细又薄的篾片，又把它弯成一个个竹圈，并在上面刻着不同的度数，表示日月星辰运行的轨道，然后用针线把竹圈穿钉起来。这样，就成了一个竹片制的小模型。

反复试验和调整之后，他才让工匠把它铸成铜的模型。他把这个模型称作"浑天仪"。

浑天仪以一个直径约1.18米的空心铜球代表天球，上面画有二十八宿，中外星官，互成24°交角的黄道和赤道等，黄道上又标有二十四节。紧附于天球外的有地平环和子午环

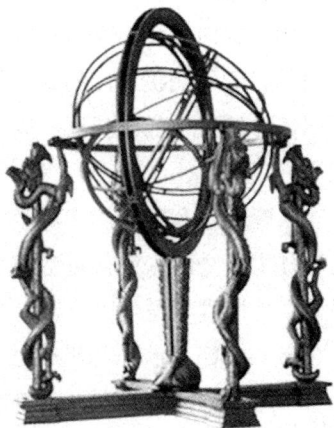

张衡浑天仪

等。天体半露于地平环之上，半隐于地平环之下。天轴则支架在子午环上，天球可绕天轴转动。同时，又以漏壶流出的水作动力，通过齿轮系统的传动和控制，使浑天仪每日均匀地绕天轴旋转一周，从而达到自动地、近似正确地演示天象的目的。

此外，水运浑象还带动有一个日历，能随着月亮的盈亏演示一个月中日期的推移，相当于一个机械日历。

## 地动仪的发明

地震作为一种毁灭性的天灾，具有无法估量的破坏性，它曾经无数次给地球造成累累伤痕。因而，对地震的预测，在人类生存领域中占有极为重要的位置。

我国东汉时期科学家张衡，是世界上最早科学地测报地震的人，他发明了第一台测报地震的仪器，叫"地动仪"。

东汉时期，我国地震十分频繁。身为朝廷太史令的张衡，负责记录全国各地发生地震的详细情况。

公元119年，京都和附近42个郡发生了一场大地震，张衡亲眼看到无数的房屋倒塌，土地陷裂，百姓死伤不计其数。惨不忍睹的情景大大刺激了张衡，他发誓道："我一定要制成一种能够测报地震的仪器，让天下老百姓少受灾害！"

说起来容易，做起来难。在那个时代里，还从来没有人听说地震可以测知。在人们的观念中，地震灾难的降临，是因为上天发怒，是对人类的惩罚。

人们听说张衡要制作能测地震的仪器，很多人都嘲笑他说："你这是白日做梦！痴心妄想！"

对于人们的嘲笑，张衡一点也不在意。他凭着百折不挠的精神，结合自己丰富的天文地理知识，花了好几年的工夫潜心研究，并进行了无数次的试验。

公元132年，一台能测报地震方向的仪器终于问世了。它被称作"地动仪"，由青铜铸成，形状像个大酒樽，顶上有凸起的盖子。地动仪的表面刻着篆文、山石、乌龟和鸟兽花纹。周围还镶着8条倒伏的龙，龙头朝着不同的方向。每条龙的嘴里都含着一颗浑圆的铜球；龙头下面的地上，各蹲着一只铜铸的青蛙，它们都抬头张嘴，似乎在等待着吞食龙嘴里吐出来的铜球。

一旦哪个方向发生地震，中间的铜柱就朝哪个方向摆去，牵动横杆，就把那个方向龙头的上部提起，龙嘴

地动仪

就会张开，铜球也就自动落到下面青蛙的嘴里面。这时，人们就知道哪个方向发生了地震。

公元138年的一天，张衡正在看书。忽然间，只听"当"的一声。清脆的响声，惊动了张衡，他赶忙跑过去一看，是地动仪朝西北方向的龙嘴里吐出了铜球，铜球落进了蛤蟆嘴里。

张衡激动地叫了起来："西北方向发生地震了！"

这是张衡的仪器第一次起作用啊，他太高兴了。可是，当时的洛阳城里没有人感觉到地震，他们嘲笑张衡是扰乱民心、瞎折腾，连一向信任他的皇帝这回也半信半疑了。

没想到，过了几天，甘肃陇西派人骑马赶来向皇帝报告："陇西四天前发生地震，灾情严重！"

这一下，张衡地动仪测报地震的准确性得到了验证，整个洛阳一下子轰动了，人们完全消除了对地动仪的疑虑。要知道，东汉的陇西位于现在的甘肃省临洮县一带，距洛阳有五百多千米。因此当地发生的强烈地震，京都地区的人丝毫没有感觉到，而地动仪却利用地震波测出了那个方向发生了地震！

张衡创制的地动仪，是世界上最早的一台会测报震向的科学仪器，它首开人类科学测报地震的先河。

在此之后一千多年，欧洲人才发明了类似的地震仪。

## 纸的发明

相传在远古的时候，人们先是用"结绳""堆石"等办法来记事。那么在文字出现以前，我们的祖先把文字写在什么上面呢？

在商、周时代，人们把卜辞和与占卜有关的记事文字等刻在龟甲上。这些古代文字被人们称作"甲骨文"。商、周时期，还出现了刻铸在青铜器上的文字，称为"金文"（又称"钟鼎文"）。显然，这种在甲骨或者青铜器上刻写、铸造文字的办法十分不便，极大地限制了文字的使用和传播。因此，在春秋末期至魏晋时代，人们又采用新的记事材料，叫"简牍"。"简"就是竹片，"牍"是木片，又称做"竹木简"。这种竹木片约有一二尺长，少则可写八九字，多则三四十个字。用皮条把一篇文章所刻写的竹木简串起来，就成为"册"，或叫做"策"。这是我国历史上最早的书籍。现在我们把一本书叫做一册，就是由此而来。你看，"册"字多像几根竹木简用绳子连串起来的样子。

这种"简牍"比起甲骨、钟鼎来说，要轻便多了，而且容易取材，真是一大进步。但是，它仍然存在着翻读不便、携带困难的缺点。要写一本书，或者抄一本书，往往要耗费数百根甚至数千根竹简，编成简策后体积庞大，又很笨重，出门带书，得经常用车来载。

据说，战国时名家后代惠施出门游学，随身载有五车的书，后人由此衍生出一个"学富五车"的成语，用来形容一个人的学识渊博。

据记载，秦始皇每天批阅的竹简公文就重达120斤（秦朝重量制）。西汉时，齐人东方朔曾写了一封信给汉武帝，用了三千多根竹简，需要两个身强力壮的武士才能勉强把它举起来。而汉武帝读这封信则花了足足两

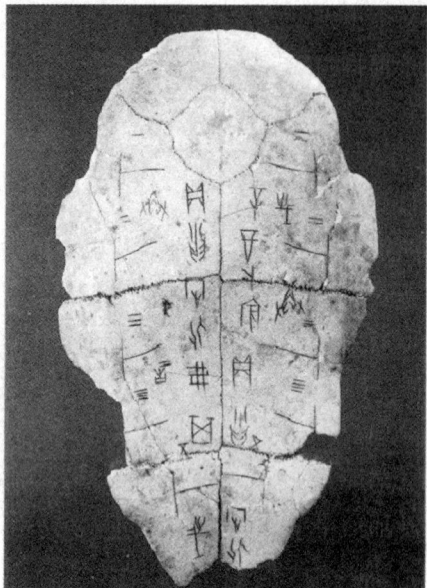

甲骨文

个月的时间。

竹简的不便之处，由此可见一斑！

和竹简差不多同时使用的另一种书写材料，叫缣帛，这是一种丝织品，轻便又光滑，书写轻松，携带方便，而且还可以在上面作画。但是，它价格昂贵，令一般的读书人望而却步，因此无法普及。当时，往往一部书就写在一卷缣帛里，因此后人有"读书破万卷"的诗句。

竹简太笨重，缣帛又太贵。于是，人们又开始探索更好的办法来提供书写材料。随着生产和科学技术的发展，纸终于被发明出来了。

根据历史学家的研究结果表明：早在两千多年前我国西汉时期，就已经出现了用植物纤维制成的纸张，这就是举世闻名的西汉灞桥纸，它是世界上最早的纸张。

那么，最初的纸张是怎么造出来的？造纸术是谁发明的呢？

东汉学者许慎在他的著作《说文解字》里曾经对"纸"字做过分析，认为纸的最早出现，与丝织业有关。"纸"字的左边是"系"旁，右边是"氏"字（古时候，氏字是人或妇女的代名词）。这就是说，原始的纸实际上是丝一类的絮，这种絮是丝织作坊的女工在水中漂絮以后得到的。

孙子兵法竹简

后来，人们经过不断改进，制成了纸。之后在沤麻的过程中，同样得到了由麻纤维构成的薄片，于是又出现了植物纤维纸。

由此可见，造纸术是中国古代劳动人民在生产劳动中发明创造出来的。有些书上说，纸是东汉时期的宦官蔡伦发明的，这不符合历史事实，因为早在他之前的西汉时期，纸就出现了。但是，在改进造纸工艺方面，蔡伦的贡献的确非常卓越。

蔡伦是东汉和帝时的宦官，任尚方令，专门负责监制皇宫用的器物。那时的皇宫工场集中了一批来自全国各地的能工巧匠。其中，有一批缫丝、沤麻并具有造纸技术的能手。

由于经常和工人接触，劳动人民的精湛技术和创造精神，给了蔡伦很大的影响。在总结前人造纸经验的基础上，他带领工匠用树皮、麻头、破渔网等原料来造纸。他们先把树皮、麻头、破布和渔网等东西剪碎或切断，放在水里浸渍相当时间，再捣烂成浆状（还可能经过蒸煮），然后在席子上摊成薄片，放在太阳下晒干，这样就制成了纸。

用这种办法造出的纸，质地轻薄，很适合书写，受到了人们的欢迎。再加上造纸的原料来源广泛，价钱便宜，有些还是废物利用，因此纸

蔡伦

得以大量生产，造纸术由此逐渐传播开来。

造纸术是我国古代的"四大发明"之一，它对人类文明进程的影响是难以估量的。

纸张的大量出现，引起了全国乃至全世界范围内的书写材料的变革，这是人类文化史上的一件大事。随着中外经济、政治、文化、宗教的交流，造纸术先后传到朝鲜、日本、越南、印度、阿拉伯、埃及乃至欧洲。纸逐渐取代了埃及的纸草、印度的贝叶、欧洲的羊皮等而成为最重要的文明载体，大大地加速了人类文明进步的历程。

## 航行的"眼睛"——指南针的发明

你知道在人迹罕至的深山密林里，在漫无边际的沙漠荒野中，或者颠簸在波涛万顷的汪洋上，人们是怎样来辨别方向的吗？

也许有人会说：白天，可以凭着太阳来测定方向；晚上，有明亮的北极星为我们指引。

可是，要是遇上阴雨连绵，终日不见阳光，或者黑夜沉沉，根本就没有星星闪烁，这时，又怎么办呢？

我们的祖先很早就发明了航行的眼睛——指南针，有了它，航海、航空、勘探、探险，都迷不了路。

汉代造纸工艺流程图

指南针是磁铁做成的。磁铁又叫"吸铁石"，在古代称作"慈祥"。因为它像一位慈祥的母亲吸引自己的孩子一样，一碰到铁就把它吸住。后来，人们才称它为"磁石"或"磁铁"。

两千多年前，我们的祖先就发现了磁铁，并且知道它能吸铁。说到磁铁的吸铁功能，还有一个有趣的传说：秦始皇统一全国之后，在陕西建造了一个富丽堂皇的阿房宫。阿房宫中有一个磁石门，完全用磁铁造成。如果有谁带着铁器想进去行刺，只要经过那里，磁石门就会把这个人吸住。

另外，古书还记载过一个故事：汉武帝时期，有个聪明人献给汉武帝一种斗棋，这种棋子一放到棋盘上，就会相互碰击，自动斗起来。汉武帝看了觉得非常奇怪，就是不知道其中的奥秘。其实，这种棋子并不奇怪，它们都是用磁石做成的，所以有磁性，能相互吸引碰击，只不过汉武帝不懂这个道理而已。

知道了磁铁的特性之后，战国时人们发明了一种叫做"司南"的磁铁指南仪器。"司"的意思是掌管，"司南"也就是专门掌管指示南方的仪器。

后人经过考证，"司南"的样子像一把汤匙，有一根长柄和光滑的圆底，把它放在一个特别光滑的"地盘"上，以指示方向位置。

这个"汤匙"是用磁铁制成的，它的磁性南极那一头被雕琢成长柄以指示方向，它的圆底是重心所在，磨得特别光滑，放在地盘上，只要把柄轻轻一转，静止下来后，长柄所指的方向便是南方。

由于它在使用时必须配有地盘，所以也有人把它叫做"罗盘针"。可以说司南是世界上最早的指南针。但是，由于"司南"由天然的磁石磨制而成，而在强烈的震动和高温的情况下，磁石容易失去磁性。"司南"在使用时还必须有平滑的地盘，这就显得很不方便。

到了北宋后期（公元11世纪），人们发现钢铁在磁石上磨过之后也会带上磁性，而且比较稳固，于是，就出现了人造磁铁。

司南

人造磁铁的发现，促成了"指南鱼"的出现，把测向的仪器水平又向前推进了一大步。指南鱼用一块薄薄的磁化钢片制成，形状像一条鱼，它的鱼头是南极，鱼尾是磁北极，鱼的肚皮部分凹下去一些，使它像小船一样，可以浮在水面上。让浮在水面上的指南鱼自由转动，等到静止时，鱼头总是指着南方。指南鱼比起司南来，在携带和使用方面都方便多了。

钢片指南鱼发明不久，人们把钢针放在磁铁上磨，使钢针变成了磁针。这种经过人工传磁的钢针，就是沿用到现在的指南针了。

北宋著名科学家沈括在他的著作《梦溪笔谈》中记述了当时指南针的四种装置方式：其一是"水浮法"，将磁针横贯灯芯草，让它浮在水面上；其二为"指甲旋定法"，把磁针放在手指甲面上，使它轻轻转动，由于手指甲很光滑，磁针就和司南一样，旋转自如，静止后指南；其三是"碗唇旋定法"，把磁针放在光滑的碗口边上；最后为"缕悬法"，在磁针中部涂一些蜡，粘上一根细丝线，把细丝线挂在没有风的地方。这四种方法是世界上指南针使用方法的最早记载。

指南针的出现为航海提供了便利条件，弥补了原有测向技术的缺陷，

**指南鱼**

使人们在大海上航行时不再迷失航向、偏离航线，从而避免了大量的海难事故，开创了一个人类航海活动的新纪元。

中国宋元时期海外交通事业非常繁盛，明初郑和七次下西洋的航海壮举，皆得益于指南针之助。指南针传入欧洲后，更促成了欧洲近代大航海时代的到来。因此，英国著名的科技史专家李约瑟博士称赞说，指南针在航海中的应用，是"航海技艺方面的巨大改革"，它把"原始航海时代推进到终点""预示了计量航海时代的来临"。

## 水往"高"处流

现在，农民们灌溉浇田，大部分是用抽水机，电闸一送，水就会顺着

皮管哗哗地流淌出来。无论多高的山坡、陡地，抽水机照样能把水送上去。

在机械灌溉出现之前，人们只能在坡地上进行人工灌溉。他们开垦田地也大多选择那些便于挖沟引水的低洼地带。随着社会的发展，人类对土地的需要也日益增大，人们开始思考如何使灌溉变得轻松高效起来。

战国时期，人们开始普遍使用一种叫"桔槔"的汲水工具。就是在井边立一个木架，木架上横着拴上一根长木杆，木杆一头拴块石头，另一头拴着水桶提水。它利用杠杆原理汲水，在较大程度上减轻了人工汲水的劳动强度。但这种汲水工具比较笨重，使用不大方便，加上效率不高，因此它无法满足不断发展的农业生产的需要。

到了三国时期，魏国出现了一位机械巧匠马钧。

马钧家住京都洛阳。当时曹魏政权正竭力推行屯田制度，鼓励老百姓开垦荒地种植粮食。

一天晚上，马钧出了家门，来到门前大树下乘凉。只听纳凉的叔伯们议论说：

"如今陛下让老百姓垦荒种田，真是好世道啊！"

"可不，咱们老百姓图个啥，不

桔槔

就多几亩田地么！"

"唉，说到这开荒，前几天我看好了城东的一块地，可没法种庄稼啊！"

"为什么？"

"你们不知道，那是块坡地，水往低处流，不能往高处走啊。"

"可惜……"

说者无意，听者有心。第二天一早，马钧出了家门，独自来到城东。他一眼就看见那块坡地，果然如他们所说，偌大一块好地，只可惜水源从坡底流过，无法引水灌溉。

马钧仔细察看了这块坡地的地势和水流流经的情况，注意到就在坡地旁边有个大水湾。他想，要是能有一

**龙骨水车**

种汲水工具既轻松又省力，将水从这个大水湾中的水源源不断地送到坡顶高处，再顺流而下，灌溉这一大片土地，那该多好啊！

这念头一闪，他立刻联想到木梯的形状：凭借着梯子，人可以从低处逐渐到达高处。那么水是不是也可以通过类似的办法爬上高坡呢？

有了这种想法，马钧就天天琢磨，可他怎么也想不出好办法。他就到城里，把所能见到的各种汲水工具都详细研究了一番，脑子里不断思考着怎样将水引向高坡。

有一天，他心里豁然开朗，连夜设计起来。经过三天三夜的思考、琢磨，新的汲水工具终于设计好了。第二天，马钧立刻请来木匠师傅，把自己的设想告诉他。让他帮助制作工具。

新的汲水工具很快制作好，马钧请叔伯们将它运到城东坡地的大水湾旁。只见这种新式的汲水工具状似龙骨架，以齿轮带动一串链条，链条上拴着向上划水的木板，只要齿轮转动就可以连续不断地将水"刮"上来。

人们看到这种新式汲水工具操作很简单，连小孩都可以用脚踩动转轮，带动齿轮汲水。而且马钧设计得十分周到，踩水的人可以用双手扶着一根栏杆，身体倚在栏杆上面，脚下轻快地踩动。由于它的形状很像龙的骨架，所以大家都称它为"龙骨水车"。

望着"哗哗"作响的清水沿着水车源源不断地从湾里汲到坡地上，叔伯们高兴极了，他们又可以开垦一块新田地了。

## 割圆术

提起"π"，小学生准能说出一个大致的数值——3.14。可是在两千多年前，情况就大不一样了。

中国古代经典数学家著作《九章算术》中有这么一个问题："今有圆田，周三十步，径十步，问有田几何？"从问题的叙述中，我们不难发现，当时人们在计算圆的面积时，取的圆周率，即"π"值是3，也就是说所谓的"周三径一"。

可这个数值与实际的情形误差甚大。于是，一些古代数学家敏锐地发现了这个问题，并开始了揭开"π"的真面目的艰辛历程。

生活在公元3世纪魏晋时代的刘徽，是一位颇负盛名的数学家。他天才地创造了数学中的"割圆术"，为

计算圆周率建立了严密的理论和完善的算法，将历代对圆周率的研究带入了一个崭新的阶段。

在民间，至今还流传着这样一个故事：

从前，有一位贪婪吝啬的财主找到刘徽，向他求助。财主说："我有一口圆形的池塘，去年荒芜在那里。现在有位佃农想租去种莲花，这样夏天可以赏荷花，秋天可以摘莲蓬，而且我也有一笔可观的租金收入，真是两全其美。能不能请您帮忙计算一下这口池塘的大小呢？"

刘徽不假思索地回答："当然可以，不过，你是想让你的池塘的亩数大一些还是小一些呢？"财主一听就乐了，忙不迭地说："大一些好，大一些好。大了我可以多收租金呀！"于是，刘徽告诉他，尽量把这个池塘

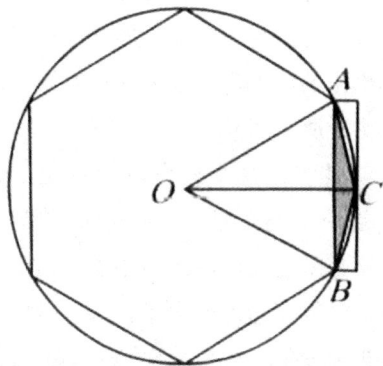

刘徽割圆术示意图

画成多边形，边数越多，池塘的亩数就越大。

财主按照刘徽的办法，迫不及待地依计行事。第二天一早，他跑来告诉刘徽，他画出了十二边形，并量出了每边的长度。刘徽马上帮他算出了池塘的亩数。

第三天，财主画出了二十四边形，刘徽一算，果然亩数比前一天多了些。财主十分高兴，过了几天，他又画出了九十六边形，刘徽算出的亩数又大了一些。这样，贪心的财主为了让圆池塘的面积不断扩大，就不停地量呀，画呀，忙得不亦乐乎。

后来，有一位客人来访财主。听完他乐滋滋的叙说后，客人道："你上刘徽的当了。你想想，这圆池塘的大小是恒定的，它有多少亩就是多少亩。怎么能越画越大呢？"财主低头沉思了好一会儿，觉得客人的话不无道理。可是为什么多边形的边越多，算出来的池塘亩数越大呢？客人也说不出个所以然来。

其实，这个故事讲的就是刘徽独创的"割圆术"。所谓的"割圆术"，就是在圆内作内接正多边形，然后计算多边形的面积，来求得该圆的近似面积，并计算出圆周率的近似数值。

刘徽明确指出：圆的内接正多边

刘徽

形的面积小于圆面积，但是，他相信"割之弥细，所失弥小。割之又割，以至于不可割，则与圆合体而无所失矣。"也就是说，圆内接正多边形数无限多时，其周长的极限即为圆周长，面积的极限即为圆面积。

在这里我们可以看到，刘徽所创的"割圆术"，体现了现代数学中的极限思想，并运用于解决实际的数学问题之中，这也是数学史上的一项光辉成就。

刘徽是怎样发明割圆术的呢？

据说，有一天，刘徽信步走到一个打石场去散心。他看到一群石匠在加工石料。石匠们接过一块四四方方的大青石，先砍去石头的四个角，石面变成了一块八角形的石头；然后又再砍掉八个角，石头变成了十六角形。这样一斧一凿地敲下去，一块方石就在不知不觉之中被加工成了一根光滑的圆石柱了。

刘徽几乎看呆了。突然间，脑子里灵光一闪，他赶紧回到房间，立刻动手在纸上画了一个大圆，然后在圆里画了一个内接正六边形，用尺子一量，六边形的周长正好是直径的三倍。然后，他又在圆里作出内接正12边形、24边形、48边形……他惊喜地发现，圆的内接正多边形边数越多，它的周长就和圆的周长越接近。最后，他把这种求圆周率的办法称为"割圆术"。

利用割圆术，刘徽算出了圆的内接正192边形的周长是直径的3.14倍，即157/50。

157/50是人类历史上第一次所求得的比较准确的"π"值。后来，人们为了纪念刘徽的功绩，就把这个"π"值称作"徽率"。

## 祖冲之制定《大明历》

南北朝时期，有一个著名的数学家、天文学家叫祖冲之。他留给世人最深刻的印象，是他所推算的圆周率

和费尽周折制定推行的《大明历》。

祖冲之仅用手中简陋的算筹，在前人刘徽的基础上，算出圆周率π在3.1415926和3.1415927之间，这是世界上最早的七位小数精确值，比西方科学家得出相同的圆周率数值早一千多年。

祖冲之出身于书香门第，他的爷爷祖昌是朝廷中掌管建筑工程的官员，对天文、历法、数学颇有研究。从小祖冲之受到爷爷的熏陶，就萌生出对科学的极大兴趣。

祖冲之小时候，最喜欢在明朗的夜空中数星星，观察星空的变化。他常常问爷爷：

"天空中的北斗星为什么不规规矩矩地待着，而是一直旋转呢？为什么它一会儿向东，一会儿向南？"

"怎么月亮一会儿弯弯的像镰刀，一会儿又圆圆的像银盘？"

面对祖冲之永远问不完的问题，爷爷总是不厌其烦地解释给他听。

转眼间，祖冲之长成了一个10岁的英俊少年。为了更好地开启他的智慧，爷爷领着他拜访了著名的天文学家何承天。

见到祖冲之，何承天一下就喜欢上了这个聪明好学的孩子，欣然接受他为入室弟子。在名师的栽培下，祖冲之的学问与日俱增。

祖冲之

有一年的8月29日，天空中出现了日食。当时人们并不了解日食是怎么回事，都争先恐后地涌到户外观望。

虽说祖冲之还是少年，但他已经懂得了不少天文知识。他一边观察日食，一边进行思考：

日食只有在初一的时候才会出现，可今天才二十九，怎么提前了呢？会不会是历书出了差错？

从那以后，祖冲之着手将历法推算出的节气同实际看到的天象进行对比。果然，他发现历书上错漏百出。例如，书上太阳和月亮的位置差了三度；夏至和冬至的日子同实际差了一

天；而行星的出现甚至会误差40天。

种种迹象表明，当时的历法并不严密，必须重新制定。

而当时通用的《元嘉历》正是祖冲之十分敬重的老师何承天所编。何承天积40年的观察与思考，制定了《元嘉历》。毋庸置疑，它比以前使用的历法准确得多。但是，祖冲之发现，《元嘉历》仍然存在不少错误。怎么办呢？

祖冲之并不是一位绝情的人，但他更是一位尊重科学、坚持真理的科学家。

凭着坚定的科学信念，祖冲之开始了重修历法的艰辛劳动。

白天，他测太阳的影子；夜晚，他看星宿的移动。当时，并没有先进的运算工具，有的只是一大堆被称作"算筹"的小竹签。碰到稍大一些的数字运算，那些小竹签就要摆上一大堆。但是，祖冲之没有被难倒。

终于，在他33岁那年，祖冲之编成了一部崭新的历法——《大明历》。

《大明历》比以往的历法都精确、科学。例如，《大明历》中一个回归年的日数是365.24281481日；一个交月点的日数是27.21223日，这些与现在用先进手段获得的数值相当接近。显然，《大明历》是祖冲之历尽

艰辛的心血之作，是当时最先进、最科学的一部历法。

《大明历》从问世到实施，历尽将近半个世纪的周折。它的作者祖冲之，如同夜空中晶莹的月亮，永远在历史的长河中闪耀着光芒。

## 最早的星表

星表是把测量出的若干恒星的坐标（常常还连同其他的特性）汇编而成的一种天文学重要工具。世界上最早的星表是在公元前4世纪的战国时代，由我国古人编著的《石氏星经》中的石氏星表。

《石氏星经》是我国战国时代魏国天文学家石申（一名石申夫）的著作。南朝时期，梁代的阮孝绪的《七录》提到石申著《天文》八卷，这大概是石申著作的本名，由于具有很高的价值，大约在西汉以后这部《天文》八卷被尊称为《石氏星经》。

汉、魏以后，石氏学派也有其他著述问世，他们的书都冠有"石氏"字样，如：《石氏星经簿云》等。不过，其中最重要的是标有"石氏曰"的121颗恒星的坐标位置。计算表明，其中一部分坐标值（如：石氏中、外星官的去极度和黄道内、外

度等）可能是汉代所测。另一部分（如二十八宿距度等）则确与公元前4世纪，即石申的时代相合（见三垣二十八宿）。

令人惋惜的是，《石氏星经》原著和石氏学派其他著作都已失传。只是后来的《史记·天官书》《汉书·天文志》等汉代史籍中引用了该书的只言片语，在唐代的《开元占经》中有大量节录。从这些摘录中可以看到《石氏星经》的内容涉及五星运动、交蚀和恒星等许多方面。后人从这些片断中辑录出一份石氏星表，其中有二十八宿距星（每一宿中取作定位置的标志星叫做这一宿的距星）和其他一些恒星共115颗（《石氏星经》原文中有121颗，其中6颗在今本《开元占经》中缺佚了）的赤道坐标位置。

石氏星表是古代天体测量工作的基础，因为测量日月星辰的位置和运动都要用到，其中二十八宿距度（本宿距星和下宿距星之间的赤经差叫距度）的数据，这是我国天文历法中一项重要的基本数据。

古代希腊最早的星表，是希腊天文学家依巴谷在公元前2世纪测编的。在依巴谷之前还有两位希腊天文学家也测量过一些恒星的位置，不过那也是在公元前3世纪。他们都比石

申的生活年代要晚。

苏州石刻天文图

## 一行测量子午线

唐代高僧一行（683—727年），俗名张遂，魏州昌乐（今河南南乐）人，是唐代著名的佛学家和数学家，也是我国古代最杰出的天文学家之一。

一行的曾祖父张公谨是唐太宗李世民的开国功臣，他的父亲张檀曾做过县令，但是张氏家族在武则天时期已经衰微。一行出生在唐高宗永淳二年。一行自幼聪颖过人，读书过目不忘；稍长，博读经史书籍，对于历象和阴阳五行尤其感兴趣。那时的京城长安玄都观藏书丰富，观中的主持道长尹崇，是远近闻名的玄学大师。一行前往拜谒，尹崇对于他的虚心求学极为嘉许，耐心地给予指导。

有一次，尹崇借给一行一部汉代扬雄所作的玄学名著《太玄经》。可是没过几天，一行就把这部书还给了尹崇。尹崇很不高兴，严肃地对他说："这本书道理深奥，我虽已读了几遍，论时间也有几年了，可还是没有完全弄通弄懂，年轻人，你还是拿回去再仔细读读吧！"一行十分郑重地回答说："这本书我的确已经读完了。"然后，取出自己读此书的心得

体会《大衍玄图》和《义诀》等交给尹崇，尹崇看后赞叹不已，称赞他是博学多识的"神童"。从此一行就以学识渊博闻名于长安。

武则天执政时，梁王武三思图谋不轨，四处网罗人才。一行为逃避武三思的拉拢，跑到嵩山，拜高僧普寂为师，剃度出家，改名敬贤，法号一行。普寂为了造就他，让他四处游学。从此，他走遍了大江南北的名山古寺，到处求访名师，一边研究佛学经义，一边学习天文历法、阴阳五行以及地理和数学等。唐代郑处诲的《明皇杂录》中记载了一则故事，说一行不远千里，访师求学，受到在天台山国清寺驻锡的一位精通数学的无名高僧的指导。为他以后编制《大衍历》打下了良好的数学基础。

唐玄宗李隆基即位后，多次征召一行，他均以身体欠佳为由婉辞。717年，唐玄宗特地派他族叔张洽去接，他才回到长安。一行一到京城就被召见，唐玄宗问他特长，他说只是记忆力好些。唐玄宗当即让太监取宫人名册。一行看过一遍，就将宫里所有人的姓名、年龄、职务依次背出，唐玄宗大为叹服，恭称"圣人"，并让他做了自己的顾问。在长安期间，一行住在华严寺，有机会和许多精通天文和历法的印度僧侣交往，获得了

一行

许多印度天文学方面的知识。他与印度高僧一起研讨密宗佛法，翻译了很多佛教经典。

为了观测天象，一行在机械制造家梁令瓒的援助之下，创制出了黄道游仪和水运浑象等天文仪器。通过实际的观测，一行重新测定了150多颗恒星的位置，发现与古代典籍所载的位置有若干改变，现代天文学称之为"恒星本动"。

724—725年，一行主持了规模宏大的天文大地测量，测得了子午线1°的长，这是世界上首次实测子午线。

实测子午线时，一行基本上按照隋朝刘焯的设计方案，派太史监南宫说在黄河南北选定四个地点（今河南的滑县、开封、扶沟、上蔡）进行实地测量，推翻了过去一直沿用的"日影千里差一寸"的谬论。一行在测量结果的基础上，经过精确计算，得出了"大率五百二十六里二百七十步，而北极差一度半，三百五十一里八十步，而差一度"的结果。就是说，子午线每1°为131.11千米（近代测得子午线1°长110.94千米）。这实际上是世界上第一次实测子午线长度的活动，英国著名的科学家李约瑟称："这是科学史上划时代的创举。"

从725年起，一行历经两年时间编制成了《大衍历》（初稿）20卷，纠正了过去历法中把全年平均分为二十四节气的错误，是我国历法的一次重大改革。

开元十五年（727年）十一月二十五日，一行陪同唐玄宗前往新丰（今陕西临潼东北新丰镇）时病倒，当晚即与世长辞，时年44岁。玄宗敕令将他的遗体运回长安安葬，并为他建筑了一座纪念塔。

## 天文历法之《大衍历》

浑仪和浑象这两种天文仪器的制造和改进，标志着天文历法的不断进

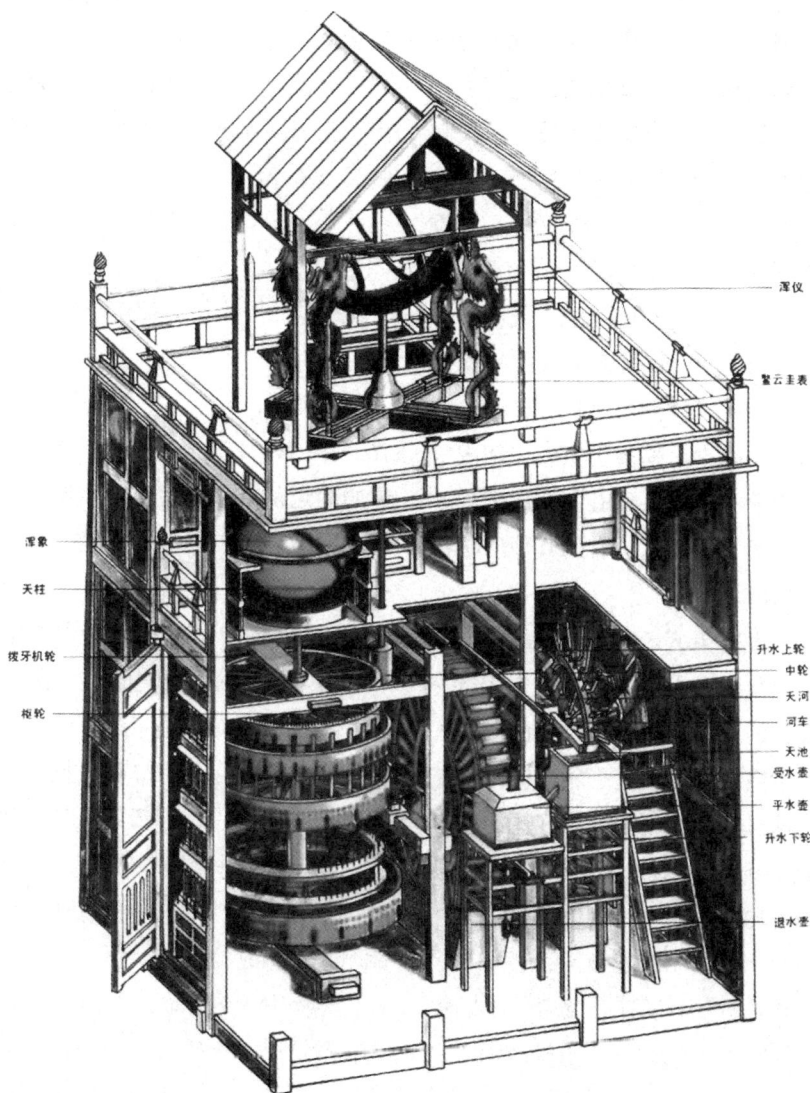

浑仪

鳌云圭表

浑象

天柱

拨牙机轮

枢轮

升水上轮

中轮

天河

河车

天池

受水壶

平水壶

升水下轮

退水壶

水运仪象台

步。天文仪器是历法改进的技术条件。为了制订《大衍历》，实测到精确数据，一行和梁令瓒在经过历代改进的浑仪和浑象的基础上，进行了更进一步的创新，合制出了黄道游仪和水运浑天仪等大型天文观测仪。

721年，唐玄宗下令改历。一行耗费了6年，编订成《大衍历》初稿。经大臣张说与历官陈玄景整理。于728年颁行。依据天文台的实测校验，在10次测验中，《大衍历》有七八次准确，《麟德历》有三四次准确，而《九执历》只有一两次准确。《大衍历》比唐代已有的其他历法都更为精确。

《大衍历》最突出的贡献是比较正确地掌握了太阳在黄道上视运行速度变化的规律。按不等的时间间隔安排二十四节气，创造了不等间距的二次内插法。《大衍历》把我国历法归纳成七部分：第一，计算节气和朔望的平均时间（步中朔术）；第二，计算七十二候（步发敛术）；第三，日食和月食的计算（步交会术）；第四，计算太阳的运行（步日躔术）；第五，计算月亮的运行（步月离术）；第六，计算五大行星的运行（步五星术）；第七，计算时刻（步轨漏术）。

《大衍历》还明确给出了五星近日点的概念，并给出了具体数值：金、木、水、火、土五星近日点的每年运动值分别为36、40、160、37、27。以五星近日点为起点，每隔15给出一个五星实际行度与平均行度之差的数值表格。

## 牛顿与万有引力定律

牛顿，全名是艾萨克·牛顿，1643年1月4日生于英格兰林肯郡格兰瑟姆附近的沃尔索普村。牛顿是英国伟大的数学家、物理学家、天文学家和自然哲学家，牛顿在科学上最卓越的贡献是创建了微积分和经典力学。

牛顿出生前三个月父亲便去世了。在他两岁时，母亲改嫁给一个牧师，把牛顿留在外祖母身边抚养。11岁时，继父去世，母亲带着和继父所生的一子二女回到牛顿身边。牛顿自幼沉默寡言，性格倔犟，这种习性可能来自他的家庭环境。

大约从5岁开始，牛顿被送到公立学校读书。少年时的牛顿并不是神童，他资质平常，成绩一般，但他喜欢读书，喜欢看一些介绍各种简单机械模型制作方法的读物，并从中受到启发，自己动手制作些奇奇怪怪的小玩意，如风车、木钟、折叠式提灯等等。

让你大开眼界的科学奇迹

牛顿12岁时进了离家不远的格兰瑟姆中学。牛顿的母亲原希望他成为一个农民，但牛顿本人却无意于此，而酷爱读书。随着年岁的增大，牛顿越发爱好读书，喜欢沉思，做科学小实验。他在格兰瑟姆中学读书时，曾经寄宿在一位药剂师家里，使他受到了化学试验的熏陶。

牛顿在中学时代学习成绩并不出众，只是爱好读书，对自然现象充满好奇心，又喜欢别出心裁的做些小工具、小技巧、小发明、小试验。

1661年，19岁的牛顿以减费生的身份进入剑桥大学三一学院，靠为学院做杂务的收入支付学费，1664年获得奖学金，1665年获学士学位。

1666年的一个假期里，牛顿在自家花园里小坐，一个苹果从树上掉了下来……谁也没没想到一个苹果的偶然落地，却是人类思想史的一个转折点，它使这个坐在花园里的人的头脑开了窍，引起他的沉思：究竟是什么原因使一切物体都受到差不多总是朝向地心的吸引呢？牛顿思索着。终于，他发现了对人类具有划时代意义的万有引力。

1687年，牛顿在其著作《数学原理》中详细提出了万有引力定律。定律指出：两物体间引力的大小与两物

**大科学家牛顿**

体质量的乘积成正比，与两物体间距离的平方成反比，而与两物体的化学本质或物理状态以及中介物质无关。

万有引力定律是解释物体之间相互作用的引力的定律。日月升落，星光闪烁，自古以来就吸引着人们探究其运行规律。牛顿提出的万有引力定律，为我们进一步认识和了解宇宙开辟了道路，而万有引力定律的发现正是植根于对宇宙中地、月、日运行规律的探索和实践之中。

万有引力定律作为自然界最基本的定律之一，在很多领域都得到了广泛的应用。比如，在航天技术中，航天器与天体接近时的万有引力可以作为一种有效的加速办法；宇宙物理中

---

常常以测定天体的万有引力效应来断定天体的位置和质量；在强磁场地域，电磁探测会受到局限，这时可以通过万有引力的测量计算来探知地下的物质密度，从而断定地下矿藏的分布或是地下墓穴的位置。

## 爱因斯坦发表相对论

爱因斯坦

相对论是现代物理学的基础理论之一。它是论述物质运动与空间时间关系的理论，于20世纪初由德裔美国物理学家爱因斯坦创立，后经许多物理学家一起对它进行发展和完善。此理论由狭义相对论和广义相对论两部分组成。狭义相对论于1905年创立，广义相对论于1916年完成。相对论从逻辑思想上统一了经典物理学，使经典物理学成为一个完善的科学体系。

19世纪的物理学中并存着两套理论：一是研究物体运动的古典力学，一是研究光线的电磁学。古典力学的理论基础是伽利略的相对性原理，牛顿的力学理论也是建立在这一原理基础之上。古典力学中提出，在这个世界上，没有"绝对空间"，也没有绝对静止不动的物体。而电磁学则提出，光是在绝对静止的"以太"中传播的。当人们运用古典力学解释光的

传播等问题时，发现了两者之间存在着尖锐的矛盾，从而对经典时空观产生了新的疑问。爱因斯坦针对这些问题，尝试同时从两个原理出发，来重建物理理论，提出了物理学的新的时空观，创立了相对论。

爱因斯坦在狭义相对论中给出了物体在高速运动下的运动规律，并揭示了质量与能量有着非常直接的关系，得出了质能关系式$E=mc^2$。这项成果对研究微观粒子具有极端重要性。因为微观粒子的运动速度一般都比较快，有的接近甚至达到光速，所以研究粒子的物理学离不开相对论。空间不只会被物体改变，同时，如果没有物体，空间就不存在。爱因斯坦又适时提出了广义相对论，爱因斯坦的广义相对论认为，由于有物质的存在，空间和时间会发生弯曲，而引力

场实际上是一个弯曲的时空。广义相对论的第二大预言是引力红移，即在强引力场中光谱向红端移动，20世纪20年代，天文学家在天文观测中证实了这一点。广义相对论的第三大预言是引力场使光线偏转。最靠近地球的大引力场是太阳引力场，爱因斯坦预言，遥远的星光如果掠过太阳表面将会发生1.7秒的偏转。1919年，在英国天文学家爱丁顿的鼓动下，英国派出了两支远征队分赴两地观察日全食，经过认真的研究得出最后的结论是：星光在太阳附近的确发生了1.7秒的偏转。英国皇家学会和皇家天文学会正式宣读了观测报告，确认广义相对论的结论是正确的。会上，著名物理学家、皇家学会会长汤姆孙说："这是自从牛顿时代以来所取得的关于万有引力理论的最重大的成果"，"爱因斯坦的相对论是人类思想最伟大的成果之一"。爱因斯坦成了新闻人物，他在1916年写了一本通俗介绍相对论的书《狭义与广义相对论浅说》，到1922年已经再版了40次，还被译成了十几种文字，广为流传。

## 太阳系的发现和探索

太阳系包括太阳以及所有围绕它运行的行星及其卫星、小行星、彗星、流星体和行星际物质。太阳是太阳系的中心天体，其他天体都在太阳的引力作用下绕其公转。太阳系中只有太阳是靠热核反应发光发热的恒星，其他天体要靠反射太阳光而发亮。

16世纪，哥白尼提出了日心说：太阳居于宇宙的中心静止不动，而包括地球在内的行星都绕太阳转动。日心说把宇宙的中心从地球挪向太阳，这是一项非凡的创举。哥白尼的计算与实际观测资料能很好地吻合。后经开普勒、伽利略、牛顿等人的发展，该学说得到了令人信服的证明。虽然哥白尼在"太阳中心说"中没有提出太阳系这个概念，但实际上是他发现了太阳系。

太阳系大约形成于50亿年前。关于太阳系的形成，现有五十多种不同的学说或假设，大致可归结为两大阵垒：灾变说和星云说。灾变说认为太阳系大体是在一次突然的剧变中产生的，太阳先于行星和卫星形成；星云说提出整个太阳系都是由同一块星云物质凝聚而成的。直到目前，星云说仍占据着主导地位。现代星云说的主要观点是：太阳系原始星云是巨大的星际云瓦解的一个小云，一开始就在自转，并在自身引力作用下收缩，

哥白尼

中心部分形成太阳，外部演化成星云盘，星云盘以后形成行星。

太阳是太阳系的中心天体，是太阳系里唯一的一颗恒星。它是个炽热的气体星球，没有固体的星体或核心。从中心到边缘可分为核反应区、辐射区、对流区和大气层。太阳能量的99%是由中心的核反应区的热核反应产生的。其中心的密度和温度极高，它发生着由氢聚变为氦的热核反应，而该反应足以维持100亿年，因此太阳目前正处于中年期。太阳大气层从内到外可分为光球、色球和日冕三层。光球层有光斑和太阳黑子。

太阳有八大行星围绕着它运转。按距离太阳远近排列依次为水星、金星、地球、火星、木星、土星、天王星、海王星。这些星体按性质可分为三类：类地行星（水星、金星、地球、火星），体积和质量较小，平均密度最大，卫星少；巨行星（木星、土星），体积和质量都非常大，平均密度很小，卫星多，有行星环，自身能发出红外辐射；远日行星（天王星、海王星），体积、质量、平均密度和卫星数目都介于前两者之间，天王星、海王星也存在行星环。八大行星都在接近同一平面的椭圆轨道上，朝同一方向绕太阳公转，即其轨道运动具有共面性、近圆性和同向性，只有水星稍有偏离。

太阳系的八大行星中，除了水星和金星外，其他行星都有围绕自己的卫星。到目前为止，已知的行星卫星数目有130颗。木星卫星数居第一，至少有58颗卫星。土星有33颗卫星在太阳系内居第二。个头最大的卫星是木星卫星甘尼米德，土卫六是太阳系中第二大卫星，而且土卫六是太阳系已知卫星中唯一有大气层的卫星。木星四颗最大的卫星，最早于17世纪由伽利略发现。另两个大卫星是月亮和特里顿，它们分别围绕着地球和海王星运转。在已知卫星中，近2/3是不

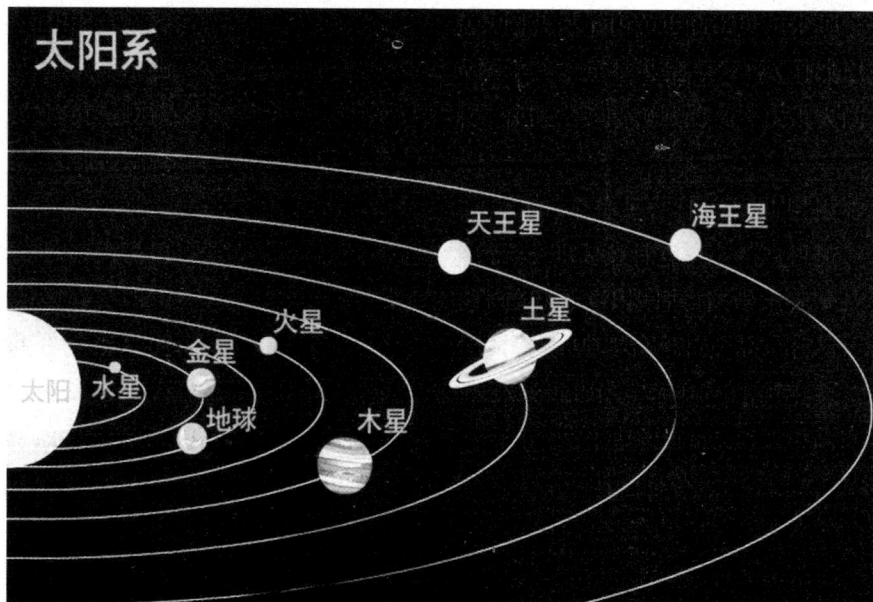

太阳系

天王星
海王星
土星
火星
金星
太阳
水星
地球
木星

**太阳系八大行星**

规则卫星，具有大轨道长半径、高轨道倾角和大偏心率。

太阳系中，除了行星，还存在着数目众多的小质量天体，主要集中在火星和木星的轨道之间。已准确测出轨道并正式编号的小行星有三千多颗。彗星是一团由冰、灰尘和岩石组成的物体。已发现的彗星约有1700颗，其运行轨道通常是一个围绕太阳的拉得很长的椭圆形，其倾角和离心率彼此相差很大，有些彗星的轨道是双曲线的或抛物线的。太阳系内还有多得难以计数的流星体，有些流星体成群分布，称流星群，已证实一些流星群是彗星

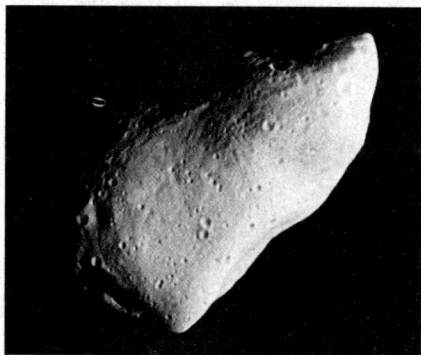

**小行星**

瓦解的产物。流星体一旦落入地球大气层便成为流星，大的流星体能够进入大气层落到地面成为陨石。

## 宇宙射线的发现和探索

宇宙射线，指的是来自于宇宙的一种具有相当大能量的带电粒子流。在靠近地球的太空中，每秒每平方厘米约有一个宇宙射线穿过，不停地轰炸着地球。每天都有数以千计的宇宙射线穿过人类的身体。宇宙射线最先由德国科学家韦克多·汉斯发现。

1912年，德国科学家韦克多·汉斯发现电离室内的电流随海拔升高而变大，从而认定电流是来自地球以外的一种穿透性极强的射线所产生的。1925年，美国物理学家密立根将这种射线取名为"宇宙射线"。1938年，法国人奥吉尔又发现宇宙射线在穿过大气层时与氧、氮等原子核碰撞转化出次级宇宙射线粒子，而这些粒子又产生一个庞大的粒子群，他把这称为"广延大气簇射"。

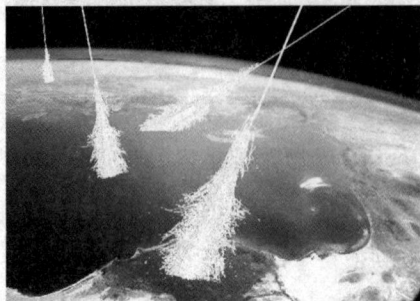

宇宙射线

宇宙射线的研究已逐渐成为了天体物理学研究的一个重要领域，许多科学家都试图解开宇宙射线之谜，但直到现在，对宇宙射线的起源尚无定论。一般认为宇宙射线的产生可能与超新星爆发有关，另一种说法则认为宇宙射线来自于爆发之后超新星的残骸。在地球大气层以外，宇宙射线的主要成分是高能的质子、阿尔法粒子（氦原子核）和其他一些较轻的原子核，其穿透性极强。当冲过大气层之后，大部分被岩石吸收。

当宇宙射线到达地球的时候，部分透过大气层阻挡的辐射的强度仍然很大，很可能对空中交通产生一定程度的影响。宇宙射线射入人的眼睛，对人的眼睛的伤害程度是很严重的，尤其是对宇航员来说，它能使人的大脑产生错觉，好像是看见面前有闪光一样。有科学家表示，长期以来普遍受到国际社会关注的全球变暖问题很有可能也与宇宙射线有直接关系，另有科学家表示宇宙射线很有可能与生物物种的灭绝与出现有关。当然，这些观点仍有待证实。

## 电子显微镜的发明

电子显微镜的发明是显微领域的

重大革命。显微技术的不断进步，使人类得以探秘神奇的微观世界，从而改变了人类的生活和思维。

显微镜是在1590年左右由荷兰的杨森发明的。杨森是眼镜店里磨镜片的工人。他的显微镜是用透镜组合而成的，是把两片凸透镜和两片凹透镜各组成一对，凸透镜作为物镜，凹透镜作为目镜。这是一台很大的显微镜，镜筒的直径有5厘米多，镜筒的长度有40多厘米。这台显微镜还不能消除像差（影像歪斜模糊不清），也不能聚光，不能清楚地观看物体，不过是一件有趣的玩具。

杨森的显微镜和1608年荷兰的利比斯赫制作的望远镜具有相似的原理，它和现在使用的把两片凸透镜装嵌在镜筒两端的显微镜不同。利比斯赫的望远镜发明出来以后，很快地被天文学家利用起来。而显微镜虽然比望远镜早发明二十多年，却迟迟没有得到应用。

1665年，英国发明家罗伯特·虎克在化学家波义耳的实验室里当一名助手。虎克当时30岁，工作之余，他开始改制显微镜。

一天，虎克在显微镜下观察一小片软木塞片时，发现了它具有其他材料所没有的结构——软木塞片上全是孔洞，就像一只蜂窝，他称那些蜂窝

叫"细胞"（其实那是些曾被活的物质占有过的小格子）。

虎克的显微镜使用了两片凸透镜，原理和现在的显微镜相同。另外，虎克为了清楚地观看要了解的物体，想出了在物镜下面另外安装凸透镜用以聚光的方法。为了提高倍率，虎克进一步使用了近于球形的凸透镜。但是这样一来，通过透镜的物体影像便产生了色纹（即色差）。于是，虎克进行了种种研究，发现使用两片贴在一起的透镜就能够消除色纹。

虎克的发现和对显微镜的改制，使得显微术广为流传开来。虎克将他观察到的许多东西汇编成一本书——《显微图志》，书中有83页插图，书中记录下了人类最早发现细胞的许多珍贵资料，还记录了虎克观察雪花晶体结构的图形以及微小的化石生物的结构。

虎克的杰出贡献在于：他使显微镜从玩具变成了科学仪器，他的作用犹如伽利略将望远镜从对准枝头小鸟到指向茫茫星空一样。

现代显微技术的先驱是荷兰的列文虎克。他于1632年出生在荷兰代尔夫特一个贫穷的家庭，从小没有念过多少书，成年后在阿姆斯特丹一家布店当店员，业余时间对磨制玻璃透镜

很感兴趣，他自制的镜片质量很好。1673年，他制成了一架能放大300倍的显微镜，1675年，他利用这台显微镜在一只新瓦罐所盛的雨水中发现了一种单细胞的有机体，这种有机体大约只有肉眼可见的水虱子的百分之一大。1683年，他发现了更小的细菌，因此成为世界上第一个发现细菌的人。细菌的发现开辟了人类征服传染病的新纪元，促成了抵抗疾病的健康检查及种痘和药物研制的成功。如果没有他的工作奠定基础，巴斯德和其他微生物方面的先驱者是没法完成其研究工作的。

1688年，列文虎克又发现了蝌蚪尾巴的血液循环方式，他还最早发现了红细胞的存在，并指出人和哺乳动物的血液中的红血球是球形的，而低等动物的红血球是椭球形的。1714年，他用藏红花作肌纤维切片的染色，这一简单的切片和染色是显微样品制片技术的萌芽。

1792年，普林斯做出美国第一架显微镜。随后几年，许多仪器制造者开始接受定做显微镜。渐渐地，显微镜成了几家厂商的"目录产品"，其中有两家重要的厂商迄今犹存：美国光学公司和包希—罗姆公司。

1807年，代耳研制出消色差显微物镜。他发现用一系列形状、结构和距离不同的凸凹透镜组互相配合，便能最大限度地纠正色差，形成一个明亮、清晰而准确的影像，这就是物镜由一组透镜构成的缘故，这种透镜就叫做消色差透镜。

1827年，阿米奇发明了孔径角高达120°的三组消色差物镜。1850年，他又制造出浸液物镜。这是因为光线穿过聚光镜玻璃（折射率为1.51）进入空气时会偏离法线，向外折射，因此进入物镜的光量减少很多，像的分辨率也降低。使用100倍物镜时，如果在物镜和盖玻片之间充以油液（折射率为1.51）以隔绝空气，则光线几乎可以不折射地进入物镜，这就增加了像的亮度和分辨率，这种物镜就叫油浸物镜。

早期的显微镜都属于光学显微镜，它是利用光学原理，用玻璃磨制成透镜组合在一起，使物体放大。第一块透镜产生物体的放大像，第二块透镜用来观察这个放大的像。然而，光学显微镜对物体的放大倍数却有限。三百多年以来，人们为改进光学显微镜绞尽脑汁：透镜越磨越光，设备越制越精，但遗憾的是，光学显微镜的有效放大率始终没有突破2000倍这个极限。科学家们开始另辟蹊径。

早在19世纪末，德国的光学家阿贝就认为，光学显微镜的分辨本领大约是使用光线波长的一半。既然光线的波长可以影响分辨本领，那么如果使用波长短的光线来做光源，分辨本领就可以提高，放大倍数自然也就提高了。当时，科学家已经知道紫外线、X射线、γ射线的波长要比光波短。经过多年的努力，科学家们终于在20世纪初发明了紫外光显微镜，稍后又出现了γ射线显微镜，但是，他们的思路仍没有脱离光学原理。

1924年，法国科学家德·布洛依证明：任何一种粒子，在快速运动时，必定都伴有电磁辐射，而且辐射波的波长与粒子的质量及粒子运动的速度成反比。这是一个惊人的发现。科学家们设想可以用高速运动的电子作光源，发明出一种新型的电子显微镜。可惜，德·布洛依的证明并没有引起人们的重视。当时，许多科学家都在研究高压阴极射线示波器。1924年，德国科学家加柏在柏林进行这项研究时，无意间制造出了一种短焦距、对电子有会聚能力的线圈，然而，加柏却不能解释其中的原理以及如何加以应用。

1926年，一位德国科学家布施发现，加柏制造的线圈对电子可以起透镜的作用，他发现高速运动的电子在电磁场的作用下会发生折射，并且能被聚焦。然而电子显微镜依然没有由

**鲁斯卡**

是而生。但是，德·布洛依和布施的两个发现，为电子显微镜的发明指明了正确方向，电子显微镜的问世，只是迟早的问题了。

1928年，柏林技术大学24岁的鲁斯卡开始系统地研究磁场的光学行为。

鲁期卡发现，经过电子光学放大几倍后得到的钼格的像和用玻璃透镜得到的放大倍数相同的像没有什么区别。这个发现奠定了把磁透镜进步发展为电子显微镜的基础。

1931年4月7日，鲁斯卡将两个磁透镜组成的电子光学光具座，对铂金网络进行二级放大，意外地发现他居然成功地把像放大了17倍。磁透镜竟然和光学透镜一样，不仅对光束具有

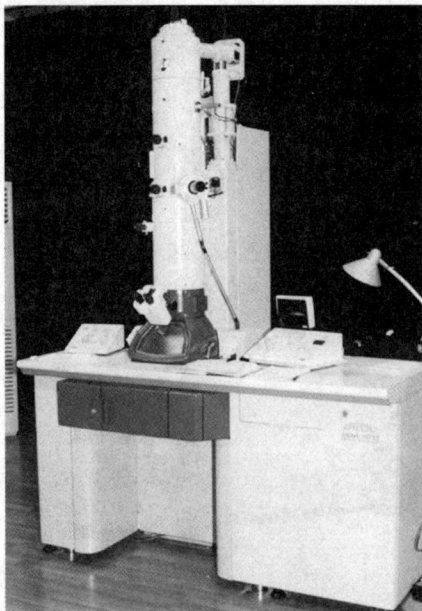

**电子显微镜**

折射聚焦作用，而且经过组合，还有放大作用。

功夫不负有心人，1933年底，鲁斯卡终于建成了一台真正的电子显微镜。它利用电子透镜聚焦的电子束，形成放大倍数极高的物体图像，而不是如光学显微镜那样用普通光线成像。它的透镜称为磁透镜，它是一种旋转对称的电场或磁场，对电子束具有聚焦作用，和玻璃透镜对光线作用类似。其透射电镜的主要组成部分是：产生电子束的电子枪；用来放置需要观察的对象的样品室；用于放大图像的三个或四个磁透镜；用来记录图像的荧光屏或照相底片。整个系统

处于高真空中。它的最高放大倍数达到12000倍，为当时倍数最高的光学显微镜的6倍。又由于电子波长很短，所以，分辨率达到百万分之一厘米，即可以区分相距百万分之一厘米的两个点。而且，鲁斯卡还找到了解决辐射损伤难题的方法：他在镜内装了一个旋转台，一次可装几个样品，当一个样品被电子束毁坏时，另一个样品便很快来填补。

世界上第一台电子显微镜终于诞生了！它的发明开创了物质微观世界研究的新纪元，鲁斯卡也因为发明电子显微镜而获得1936年的诺贝尔物理学奖。

近年来，在电子显微镜中应用电子计算机图像处理和全息技术，分辨率更高（突破0.05纳米），并能获得微观的立体图像。科学家力图用它更清楚地观察原子形状，解读遗传密码。

1982年，国际商用机器公司苏黎世试验室的科学家宾尼和罗雷尔发明了真空条件下工作的扫描隧道显微镜，使人类第一次看到了物质表面的原子排列状态。为此，他俩获得了1986年的诺贝尔物理学奖。

电子显微镜是人类的"魔眼"，它使人类眼光深邃，明察秋毫，可洞察微观物质的基本结构，真正开拓了人类的视野，改变了人类的生活方式和思维方式。

# 生命医学探奇

SHENG MING YI XUE TAN QI

## 基因学的创立

　　1866年，孟德尔在《自然科学研究学会会报》上发表了在遗传学上具有划时代意义的论文：《植物杂交试验》。就在这一年，摩尔根在美国诞生了。他的家族可谓名门望族：父亲是一名外交官，叔叔是一位颇有名气的将军，家庭生活十分优裕。可小摩尔根并没有染上贵族子弟游手好闲的恶习。

　　青少年时代的摩尔根对大自然情有独钟：山上郁郁葱葱的树木花草、活蹦乱跳的野兔山羊，常常使他流连忘返。他常利用课余时间或假期，上山采集植物、捕猎动物，制作成标本；还搜集了大量的化石。五彩缤纷的生物世界，使他立志将来要探索生物的奥秘。

　　后来，摩尔根如愿以偿地攻读生物学博士。学业完成后，从事生物学研究工作。

　　1900年，科学界发生了一件重大事件：处在不同国度的三位科学家各自独立地发现植物遗传的规律。他们在查阅文献时，惊奇地发现了孟德尔那篇尘封已久的论文。惊叹孟德尔才是遗传规律的发现者。这使孟德尔

摩尔根

声名鹊起，他的遗传理论也像一股旋风，吹向生物学界。

　　在孟德尔的理论中，指出遗传和变异是由遗传单位决定的。那么遗传单位是什么呢？

　　在这之前，生物学家已经发现细胞内有一种叫染色体的物质。每种动植物的细胞内都有特定数目的染色体。在细胞分裂之前，染色体数目先增加一倍，这样分裂成的细胞的染色体数目与原来相同。生物学家们想到：染色体是不是与遗传单位有什么关系呢？可谁也没有证据下结论。

　　此时，身为哥伦比亚大学生物学教授的摩尔根，自然也感受到了孟德尔论文刮起的大风。但他对孟德尔的

遗传规律抱怀疑的态度。他决心要弄清遗传规律的来龙去脉。

1908年，摩尔根在他的实验室里养了上千只果蝇，作为实验的材料。因为摩尔根发现，果蝇有许多优点：它身体小，占地也很小，便于研究；饲养很经济，成本很低；繁殖速度快，是一般牛羊等动物无法比拟的；它的特征明显，容易观察。

从这以后，摩尔根和他的助手，天天在饲喂、观察果蝇。

一天，摩尔根偶然发现一个培养瓶里的许多红眼果蝇中有一只白眼雄果蝇。这引起了他的极大兴趣。他让白眼雄蝇与红眼雌蝇交配，结果产生的第一代全是红眼蝇。可是，当让第一代果蝇相互交配时，产生的第二代既有红眼蝇，也有白眼蝇。红眼蝇与白眼蝇的个体数目比例接近3∶1，与孟德尔遗传理论的结论相同。这个事实使他对孟德尔的理论刮目相看。

经过进一步的深入研究，摩尔根证实了孟德尔的理论是正确的，而且孟德尔所说的遗传单位就是在染色体上。1915年，他写了《孟德尔遗传机制》一书。他写道："既然染色体提供了孟德尔定律所要求的那样一种确切的机理；既然有日益增多的资料清楚地指明染色体是遗传单位的携带者，在那样一种明若观火的关系面前

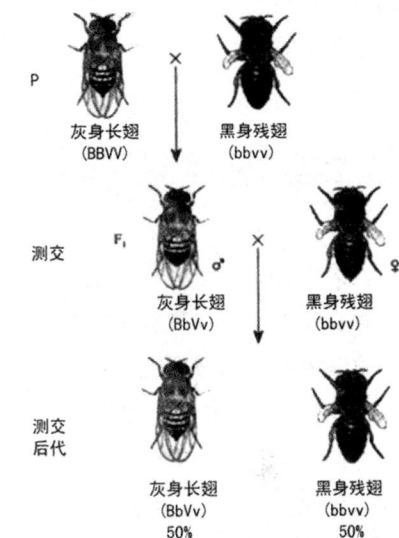

雄果蝇的连锁遗传

闭上眼睛，那将是愚蠢的。"摩尔根这种实事求是的科学作风，一时成了科学界的美谈。

摩尔根曾诙谐地称自己是一头"实验动物"。他整天待在实验室里，与他的"宠物"——果蝇打交道。自从实验取得进展后，他的干劲更足了。他沿着自己开辟的路，乘胜前进。

他的"宠物"也不辜负他的厚爱。摩尔根在它们身上找到了染色体上的基因。这也就是孟德尔所说的遗传单位。

1928年，摩尔根总结他二十余年研究果蝇的成果，写出遗传学名著《基因论》。在书中他叙述基因学说

的内容。基因学说的创立，吹响了向分子遗传学进军的号角。

## 基因工程

基因不再是一个神秘物质了，它以一种真正的分子物质呈现在我们面前。科学家们能够像研究其他小分子一样，客观地探索基因的结构及功能，人们开始从分子的层次上研究基因的遗传现象。

随着遗传学及相关科学的发展，基因工程应运而生。基因工程又叫重组DNA工程，它是利用重组技术，在体外通过人工"剪切"和"拼接"等方法，对各种生物的核酸（基因）进行改造和重新组合，然后导入微生物或真核细胞内进行无性繁殖，产生出人类需要的基因产物，或改造、创造新的生物类型。

基因工程是一门内容广泛、综合性的生物技术学科，要在20世纪60年代科学发展水平下，真正实施基因工程，还有许多问题亟待解决。例如，要详细了解DNA编码蛋白质的情况，以及DNA与基因的关系等，就必须首先弄清DNA核苷酸序列的整体结构。这项工作首先是通过对病毒基因组的研究发展起来的，因为病毒的基因组比细胞的基因组小得多。而且更重要的是这种病毒分子能够在感染的寄主细胞中扩增成几十万份的拷贝，使DNA的剂量增加，这样也就不难把它从寄主细胞的DNA分离开来。

20世纪70年代中期，由于两项关键性技术的问世，DNA的结构分析问题才从根本上得到了解决。这两项技术是：（1）DNA分子的切割与连接技术；（2）DNA的核苷酸序列分析技术。

应用核酸内切限制酶和DNA连接酶对DNA分子进行体外的切割与连接，这是在20世纪60年代末和70年代初发展起来的一项重要的基因操作技术。对DNA重组技术的创立具有重要意义的另一个发现，是DNA连接酶。1967年，世界上几乎有5个实验室同时发现了DNA连接酶，这种酶能够参与DNA裂口的修复，而在一定的条件下还能连接DNA分子的自由末端。

大多数的DNA片断是不具备自我复制能力的。所以为了能够在寄主细胞中进行繁殖，就必须将这种DNA片断连接到一种在特定系统中具备自我复制能力的DNA分子上。这种DNA分子就是所谓的基因克隆载体。

在各种基因克隆载体中研究得最为深入，而且业已被改建成实用的克隆载体是大肠杆菌。

1973年，美国科学家科恩等进行了第一次基因工程的实验，他们从不同的大肠杆菌中提出两种质粒，一种质粒含有抗四环素基因，另一种含有抗链霉素基因，在试管中将两种质粒连接在一起，然后引进到不含抗药质粒的大肠杆菌中，结果大肠杆菌既抗四环素，又抗链霉素，它表明大肠杆菌同时获得了两种遗传性状。

大肠杆菌，由于它们形成的重组质粒可以在原寄主细胞中增殖，这似乎比较容易理解，那么，不同物种的外源DNA片断是否也可以在大肠杆菌细胞中增殖呢？

科恩等人合作，应用上述类似方法，把非洲爪蟾的编码核糖体基因的DNA片断，同大肠杆菌质粒重组，并导入大肠杆菌细胞。转化分子细胞分析结果表明，动物的基因的确进入到大肠杆菌细胞，并转录出相应的产生。

科恩的工作是第一次成功的基因克隆实验，其重要意义在于它说明了质粒分子可以作为基因克隆的载体，能够将外源的DNA导入寄主细胞内；它也说明了像非洲爪蟾这样的真核动物的基因是可以被成功地转移到原核细胞中去，并实现其功能表达的；它还说明了质粒——大肠杆菌细胞是一种成功的基因克隆体系，可以作为基

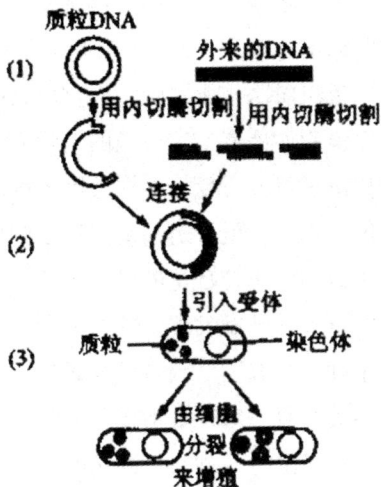

**基因工程的操作流程**

因克隆的模式系统进行深入的研究。

1977年，化学合成的生长激素抑制素基因在大肠杆菌中表达成功；1978年用大肠杆菌合成了人工胰岛素；1981年用酵母细胞表达人干扰素基因获得成功。这些成果表明，用基因工程生产人体蛋白等药物大有前途。后来人们称1977—1981年这个时期为基因工程的发展时期。

1982年以后，基因工程开始进入应用时期。

在医学上，目前，重组DNA技术已开始应用于一些疾病的治疗、新药的生产、遗传病的预防等。科学家已成功繁育出能在乳汁生产蛋白质C的转基因猪，转基因羊也开始在新西兰大量繁育。今后，科学家还可能利用

转基因动物生产"人体"器官，用于器官移植。

重组DNA技术在治疗人类面临的严重疾病如癌症、艾滋病的治疗方面也作出了很大贡献。早在基因工程刚刚诞生不久，就被迅速地应用于肿瘤发生或细胞癌变理论的研究。这一方面的重大突破是发现了致癌基因，弄清了肿瘤的起因。现在已经确立了若干种关于致癌基因致活作用的分子机理，但尚没有找到一个固定的规律。艾滋病（AIDS）是获得性免疫缺陷综合征的简称，它是由一种叫做人体免疫缺陷病毒即HIV-1反转录病毒引发产生的，迄今还没有抗HIV感染的疫苗，也没有找到能抑制此种病毒并治愈病人的药物，目前基因工程在这方面主要是用基因操作和基因转移技术，研究HIV-1病毒的分子生物学及其病理原因，研究控制HIV-1病毒基因表达的各种因子。

可以肯定，如果没有重组DNA和基因转移技术的应用，我们关于HIV的生命周期及其致病原因的认识将会受到很大限制。

在全世界大约有两千种以上的人类疾病是由于单基因缺陷引起的，基因工程技术的发展为治疗这些遗传疾病开辟了一条充满希望的新途径。基因治疗的基本构想是应用DNA重组和基因转移等技术，把野生型的基因导入患者的体细胞内，合成出正常的基因产物来补偿缺陷型基因的功能，从而使人类的遗传病得到纠正。

在工业中，基因工程被应用于纤维素的开发利用工作；用基因工程提高废弃酵母的经济价值，在酿酒工业中有很大前途；此外基因工程可用于干酪生产及新型蛋白质的生产。

在农业中，重组DNA技术可以培育出带有许多优良性质的转基因作物，增强作物抵御病虫害的能力，提高产量和品质，得到经济上的巨大利益。

人类基因组计划是一项生命科学的基础性研究，是建立在基因工程的基础之上的。有科学家把基因组图谱看成是指路图，或化学中的元素周期表；也有科学家把基因组图谱比作字典，但不论是从哪个角度去阐释，破解人类自身基因密码，以促进人类健康、预防疾病、延长寿命，其应用前景都是极其美好的。人类10万个基因的信息以及相应的染色体位置被破译后，破译人类和动植物的基因密码，为攻克疾病开拓了广阔的前景，将成为医学和生物制药产业知识和技术创新的源泉。

基因工程在20世纪取得了很大的进展，这至少有两个有力的证明。一是转基因动植物，一是克隆技术。转基因动植物由于植入了新的基因，使得动植物具有了原先没有的全新的性状，这引起了一场农业革命。如今，转基因技术已经开始广泛应用，如抗虫西红柿、生长迅速的鲫鱼等。1997年世界十大科技突破之首是克隆羊的诞生。这只叫"多莉"母绵羊是第一只通过无性繁殖产生的哺乳动物，它完全秉承了给予它细胞核的那只母羊的遗传基因。"克隆"一时间成为人们注目的焦点。尽管有着伦理和社会方面的忧虑，但生物技术的巨大进步使人类对未来的想象有了更广阔的空间。

## 青霉素的问世

1943年，拥有2500张床位的美国柏西乃尔医院里，医护人员们正忙碌着收治从第二次世界大战的太平洋前线运来的伤员。

有19名伤兵的伤口严重化脓，身体发着高烧，医生们竭尽全力地抢救着，但救活的希望极其渺茫，伤兵们也痛苦地等待死神的降临。按照惯例，护士小姐拿来了笔和纸，让这些伤兵为亲人留下遗嘱。整个病室笼罩在一种悲痛壮烈的气氛当中。

就在这时，一位年轻的医生拿来一些淡黄色的粉末，吩咐护士小姐说："请把这粉末用蒸馏水溶解，给这些伤员注射进去。"这是一种过去从来没有使用过的粉末，它给绝望的医生和绝望的伤兵带来了希望，也带来了一种神秘的气氛。19名伤员全都注射完了，医生和护士们怀着忐忑而急切的心情，日夜不离左右地观察这些伤员。

时间一小时一小时地过去了，几天以后，果然出现了奇迹。在这19名被认为必死无疑的伤员中，有12个人慢慢地退了烧，神志清楚，后来完全恢复了健康，陆续走出了医院！

不久，这位年轻的医生又给49名重感染的骨折伤员注射了这种淡黄色粉末。奇迹再度出现了，有42人伤口不再流脓，并很快愈合，康复出院了。

整个医院轰动起来，医生、护士和病人都被这神奇的粉末药力惊呆了，自古以来，还没有这么神奇的药能这么有效。

这种奇妙的黄色粉未，就是沿用至今的青霉素。青霉素的发现，开创了人类征服疾病的新纪元。它与原子弹、雷达一起，被公认为是第二次世界大战时期的三大发明之一。

说起青霉素的发现，还是一件偶

弗莱明

然的事情呢。

1928年的一天，英国医学家弗莱明（1881—1955），在化验室里埋头研究流行性感冒时，发现培养葡萄球菌的器皿上长了霉毛。原来，是某些天然霉菌偶然落入器皿里造成的。出于医学家的敏感，弗莱明仔细地观察起来，他惊奇地发现，在霉毛的四周却没有任何细菌生存！这一发现使他兴奋不已。于是，他把这种从"天"上掉下来的霉小心翼翼地取出来研究。经过多少次试验，终于培养出了液态霉，并把它命名为"青霉素"。

此后，他深入研究了青霉素对各种细菌的抑制和杀灭作用，又证明了它对人的身体无害。1929年6月，弗莱明把他的这一发现写成论文，发表在世界著名的英国《实验病理学》杂志上，引起了世界不少科学家的注意。

遗憾的是，弗莱明的青霉素培养液中所含的青霉素这种杀菌物质太少，很难提取。加上他当时缺乏生物化学的知识和技术，也未能提取出来。如果直接用培养液治病，一次就要向病人体内注射几千毫升，甚至上万毫升，这实际上是不可能的。

当时，在英国的牛津大学里有两位学者，一个是出生在澳大利亚的英国人弗罗理（1898—1966），一个是出生于德国的俄国人钱恩。他们组织人力，在弗莱明的基础上对液态霉进行过滤、浓缩、提纯、干燥，反复试验，终于在1938年制成了一种棕黄色粉末状的青霉素。其药效极高，即使把它稀释50万倍仍然有杀菌作用。1941年，青霉素首次用于细菌感染的病人，并获得意想不到的成功。从此使世界上数以万计的细菌感染者有了生存的希望。

1945年，为了表彰青霉素的发明对人类的贡献，诺贝尔生理学或医学奖同时奖给了弗莱明、弗罗理和钱恩三个人，成为人类医学史上共同协作，取得辉煌成果的佳话。

## 揭开人体免疫的奥秘

19世纪末20世纪初，法国微生物学家巴斯德发现了细菌，人们对他的细菌引起疾病的理论深信不疑。同时代的俄国生物学家梅契尼科夫却有一个问题大惑不解：同一种微生物为什么能使一部分人或动物得病，而不能使另一部人或动物得病？当时没有人能解释清楚。

梅契尼科夫1845年5月15日生于乌克兰哈尔科夫州伊万诺夫村一个农民家庭里，17岁时以优异成绩考入卡尔可夫大学。贵族学生看不起他，但他却以顽强的毅力学习，只用两年时间就完成了大学的全部学业。接着，他就到德国的格林缪根大学去留学。

在德国留学期间，梅契尼科夫埋头学习和试验，曾发生过这样一件趣事：有一次，他在实验室中做实验，聚精会神地操作，目不转睛地观察，一丝不苟地记录。一直到天黑，才发现实验室的大门被管理人员锁上了。梅契尼科夫虽然有些渴和饿，但他却把这一夜当做极好的实验机会，整整

梅契尼科夫

在实验室里工作了一夜。第二天一上班，当管理人员打开大门，发现梅契尼科夫正在做实验时，竟迷惑不解地问道："怎么您这么早就到实验室来了？"

1865年，20岁的梅契尼科夫获硕士学位。23岁时，由于他研究低等动物胚胎发育的卓著成绩，获得了动物学博士学位。

1870年，梅契尼科夫回到俄国，被任命为乌克兰敖德萨大学的动物学教授，那时他刚刚25岁，是俄国最年轻的教授。

梅契尼科夫致力于免疫学的研究。他对变形虫进行了仔细地观察，发现它们的细胞内有消化现象。接着，他在一次研究海星的幼虫时，竟发现一些白细胞能游走，并吞噬着异物，使本身的创伤愈合。这一发现使他欣喜若狂，他高兴地抓住同事的臂膀说："我发现白细胞的奥秘了！"

后来，经过多次实验证实，如果病原菌数目不多，就可能被白细胞完全吞噬、消灭，机体就不致患病；如果病原菌数目过多，白细胞就不能全部吃掉它们，机体就会患病或死亡。根据这些研究成果，梅契尼科夫系统地提出了吞噬细胞理论，于1884年发表了他的名著《机体对细菌的斗争》。他在书中说，白细胞就像机体中的流动部队一样，吞噬、清扫着入侵的细菌和其他异物，保卫着机体的健康。

梅契尼科夫的理论震动了整个医学界，但攻击他的人也不在少数。有的权威人物甚至挖苦他说："梅契尼科夫的吞噬理论，会吃掉他自己，让他见鬼去吧！"

梅契尼科夫是一个不达目的誓不罢休的人，他对这些诽谤的回答是："沿着别人的脚印走并不困难，但我要坚定地走自己的路！"法国微生物学家巴斯德十分赞赏和支持他，特地把他邀请到巴黎大学，他便成了巴黎大学的教授，并担任了新成立的巴斯德研究院的副院长。从此，梅契尼科夫继续深入地研究他的免疫学，发表了一系列的重要著作，不断地揭示细胞免疫的奥秘。他的理论赢得越来越多的人的承认，经受住了科学的考验。1908年，他光荣地获得了诺贝尔生理学或医学奖。

1912年3月15日，他被公推为法国科学院的外国院士。

## 揭开条件反射的生理奥秘

1849年9月14日，巴甫洛夫生于俄国。父亲是一位善良的乡村牧师，

**巴甫洛夫**

巴甫洛夫受其影响，从小就富有一颗同情心。一天，小巴甫洛夫跟着父亲到一户农家去，为一个因消化不良而死去的孕妇做临终祈祷。归途，他稚气地问父亲："有万能的上帝存在，你救不了她吗？"

"我救不了她的命，但愿能救得了她的灵魂。孩子，我们俄国医疗水平太差，我们实在救不了那么多人。"

这件事在小巴甫洛夫心中打下了深深的烙印。不久，少年的巴甫洛夫投考了圣彼得堡的一所大学学习自然科学。入学后，他又积极要转学学医。经过几次周折，才在朋友的推荐

下进了一所军医学校。他要用医术解救那些受苦的人们。

1883年，34岁的巴甫洛夫毕业于军医学校。因为学习成绩优异，他被留校工作。巴甫洛夫始终没有忘记小时候看到的那个因消化不良而死去的孕妇，因此，他专心研究消化生理学，军医学校又为他提供了充足的研究经费、创造了良好的实验条件，巴甫洛夫很快脱颖而出。他通过细心的观察、实验和研究，发现唾液腺对消化有重要作用。不久，他就发表了一篇名为《腺之秘密》的论文，向人们公布了每当狗看到食物之时，都会自然地分泌出唾液来的生理现象。

巴甫洛夫的发现引起了德国生理学权威卡尔·鲁德威教授的注意。这位教授立刻给巴甫洛夫汇去一笔路费，邀请他前往德国进行生理学交流和研究。虽然鲁德威教授一直是巴甫洛夫崇敬的权威，但他毅然决定放弃这次出国的机会。他说："我的实验已到了关键时刻，我不能去。"

巴甫洛夫全身心地研究消化生理学。经过不断的失败和挫折，他养成了严谨的科学态度和灵巧的手术技能，这为他的实验工作成功提供了重要保证。他为了更好地观察动物的消化液腺和生理机能，他在狗的胃、唾液腺、小肠和胰腺上都亲手做了瘘

管。人们可以通过这些瘘管向外边分泌出的消化液，来观察动物的消化生理过程。

他细心地观察狗进食的规律，在狗进食时摇铃，这样重复多次之后，即使没有食物给它，一摇铃时，狗的各个瘘管里也都分泌出消化液来。于是，巴甫洛夫得出了大脑的条件反射原理，成功地证明了条件反射可以由训练得到。由于生物本身具备条件反射形成的生理基础，而建立条件反射又是后天能实现的，因此条件反射的概念影响甚广。它不仅涉及生理学，还涉及心理学、精神病学甚至教育学。

1889年，40岁的巴甫洛夫来到了生理学研究中心柏林。这时，他对消

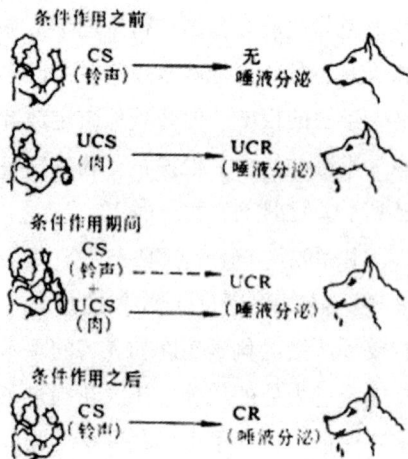

**巴甫洛夫反射实验**

化作用和脑神经作用之间的关系及生理现象的研究，已经使他举世闻名。鲁德威及德国一些生理学家们劝他留在德国长期工作研究。但巴甫洛夫想到俄国与西欧各国相比还很落后，于是他婉言谢绝了这些学者的挽留，又回到了圣彼得堡。

在圣彼得堡大学的生理研究所里，巴甫洛夫开展了神经系统的研究，使他的理论更趋完善。从此，人类才系统地了解了条件反射的奥秘。

1904年，巴甫洛夫以消化腺的功用理论研究，荣获了该年度的诺贝尔生理学或医学奖。

1905年，俄国科学院选举他为最高级科学院院士。

1907年，英国皇家学会选举他为外籍会员。从此，包括牛津大学在内的世界各名牌大学都纷纷选派最优秀的学生，前往俄国向巴甫洛夫学习医学和生理学。1908年后，巴甫洛夫每写一个小时课的讲义，都被人立即译成英、德、法文分发给各国学府。

1936年2月27日，巴甫洛夫因病逝世于英国伦敦，享年87岁。

## 胰岛素的发现

糖尿病人的主要症状就是尿糖。

由于血液中的糖分不能转化为热能满足人体的需要，最终会导致病人因丙酮酸中毒，继发生感染或营养不良而死亡。

治疗糖尿病的有效药物胰岛素在发明后，被人称为是"救命仙丹"。

最早发现糖尿病尿糖与胰脏有关是在1889年，俄国医生明可夫给一条狗进行胰脏摘除术。他的助手在护理这条狗时，发现一群苍蝇聚集在这条狗的尿液上，而别的狗尿却招不来苍蝇。出于好奇，他亲自尝了一下狗尿，发现狗尿是甜的。至此，人们才发现，胰脏的损坏和糖尿病有着密切的关系。但是，直到三十多年后，人类才发现了治疗糖尿病的胰岛素，说起胰岛素的发现，还有一段感人的传说。

1920年，加拿大西安大略省医学院的年轻兼职讲师班廷接到院长交给一项任务，要他作一个关于糖尿病的报告，他当时非常难受，因为他的好朋友约·基尔克里斯特正患着糖尿病，一步一步地向死亡线上走去。

班廷决心攻破这一重大课题，他读了许多有关糖尿病的文章。他在文章中看到这样的记载：在健康人的胰腺上，布满了岛屿状暗点，并且通过解剖还发现，糖尿病患者死后这种暗点缩小了好几倍，而患其他疾病的人

班廷

死后这种暗点却没有缩小。这种神秘的"岛屿"中一定包含糖尿病致病的原因和治疗方法的答案，他决心找到这个答案。可是，他所在的医学院不具备必要的研究议备，这位年轻人决定向麦克劳德教授求助。

班廷远道奔赴母校，麦克劳德听说他要研究糖尿病，就大力支持他，给他专门安排了一个实验室，配了一名懂化学的助手。于是，在这所著名大学里，多了一个"没有头衔的、没有薪水的、自我任命的研究工作者"。

班廷经过多次实践，从狗的胰脏里得到了"岛屿状暗点的提取物"。然后，他把这种提取物注射给已经患

糖尿病的狗身上。他们一连试验了91条狗，狗最终还是死了。当试验到92条狗的时候，出现了转机。可是，这条狗只活了二十多天，最后还是死于糖尿病。经过认真研究分析，班廷知道，这是没有给它注射足够的"提取物"。怎样能得到更多的"提取物"呢？他立刻想到了牛。不久，他与助手弄来一头怀孕的母牛，把这头牛解剖后，他们欣喜发现，胚胎中的小牛胰脏几乎全部由"岛屿状暗点"构成。于是"提取物"有了来源。他们首先试用于10条狗身上，结果10条狗全活了下来！

"这东西能不能用于人身上呢？"正在班廷为难的时候。他的那位患了严重糖尿病的朋友约·基尔克里斯特来了。当他知道班廷发现了一种提取物可用，就抱着一线希望，请求班廷拿他做试验。于是班廷给他注射了世界上第一支用于人体的胰岛素。

约·基尔克里斯特注射后没有什么变化，便坐上车回家了。可是第二天，他给班廷打来电话，说他呼吸轻松，头也不晕了，胃口也好了。并且急切地说："请你赶快来，再给我打一针那种提取物——救命的仙丹。"

当麦克劳德得知他的学生班廷研究有了进展，心里十分高兴，马上放下其他事情，亲自主持有关糖尿病的研究。校方又拔了一笔专款，扩充了实验设备，增加了研究人员。经过对"岛状提取物"的多次提纯，终于达到了药用的程度。麦克劳德正式为这种提取物取名为"胰岛素"，从此，糖尿病就不再那么可怕了。1922年，他们正式进行了用胰岛素治疗糖尿病患者的试验，14岁的患者汤普逊首先受益，之后便大范围地使用起来。

1923年，班廷和麦克劳德同时获得诺贝尔生理学或医学奖。他二人都拿出一半的奖金分给了他们的助手。

人们永远记住了这两位著名的医学家，是他们为糖尿病人带来了生存的希望。

## 疼痛去无踪

威廉·莫顿是美国马萨诸塞州的一位极普通、极平凡的牙科医生，他的专长是替人镶牙。1842年他从巴尔的摩牙科学院毕业后，成为了一名正式的开业医生。开业的头几年，他的事业并不顺利，特别是跟韦尔斯医生合伙的一年里，莫顿险些遭到韦尔斯的牵连，要落得个名誉扫地的下场。

韦尔斯比莫顿年长，一向对麻醉术有很大的兴趣，他跟莫顿合伙开了牙科诊所之后，便在诊所开始作麻醉试验。韦尔使用的麻醉剂是一氧化二氮，就是那种会引得人笑个不停的气体。他在以往的试验中，确实也有过成功的实例。于是，韦尔斯急于搞一次公开的麻醉展示，结果因为准备不充分，被麻醉的病人在手术过程中醒了过来，痛得大喊大叫。这次不成功的实验不仅完全败坏了一氧化二氮的名声，而且连累了莫顿，两个人只能客客气气分了手。

其实，那次事故并没有给莫顿带来多大的坏影响，反而激发了他对麻醉的兴趣。他给人镶牙前，总要先拔除旧牙根，没有麻醉药前，拔牙可是桩痛苦的事。孩子们看到医生手里的钳子、镊子，便吓得大哭大叫。成人见了也心惊胆战，心理承受能力差的，甚至会当场晕过去。这种突发的变故，往往弄得莫顿手足无措。

莫顿懂得，麻醉术是所有外科医生梦寐以求的目标，它能解除病人极大的痛苦。现在，关键问题在于寻找一种"一氧化二氮"的替代品，并努力使新的麻醉剂有更大的效果，并且把副作用降低到最低程度。

莫顿到处求教，最后认识了一位很有学问的医生和科学家查尔斯·杰克逊。莫顿对麻醉术的热心，以及他虚心的态度感动了杰克逊。杰克逊告

威廉·莫顿

诉他，早在300年前，瑞士的医生兼炼丹术士帕拉切尔苏斯发现，乙醚具有麻醉功能。但是，在这以前，谁也没敢把乙醚引入手术，因为它有令人不愉快的副作用，吸进乙醚后，人会感到恶心。而且杰克逊已经找到了适当的药物，可以减轻这种副作用。杰克逊建议，莫顿可以试一试，用乙醚作麻醉剂。

莫顿在一些动物身上开始了第一轮的试验。当他在自己的爱犬鲍勃身上进行试验时，已经掌握了乙醚在动物身上的用量。他把一个面罩扣在鲍勃嘴上，立即输入了乙醚。听话

的鲍勃开始并没有反应，不久就挣扎起来，可是，它没挣扎多久，全身便瘫软下来。麻醉成功了，莫顿在爱犬腿上作疼痛试验，可怜的鲍勃一动不动，毫无知觉。

接着，莫顿在自己身上作了试验。他按照杰克逊的办法，先服用了抗恶心的药物。当估计药物已生效后，毅然在脸上扣住了乙醚输入面罩。根据莫顿的计算，对人的用量应该比狗大，因此，一股强烈的刺激味冲进脑门。幸亏乙醚还带点令人甜蜜的芳香，他还忍得了。

一会儿，莫顿感到了不适，好在这种不适还没有超过自己能忍受程度的时候，他已经失去了知觉。当莫顿恢复知觉醒来时，已经过了一个小时。够了，一般的手术，能在一个小时内解决。假如还要继续下去，可以继续输入乙醚。

现在，莫顿只等找一个实验的机会了。一天，一位名叫弗罗斯特的病人捂着下颊，胆怯地走进了莫顿的诊所。莫顿给他检查了牙齿，他那只蛀牙这次是不得不拔了。望着害怕得几乎要昏厥的病人，莫顿突然感到机会正在降临。他劝弗罗斯特使用一种新的麻醉剂，并保证在拔牙的时候，弗罗斯特绝对不会疼痛。弗罗斯特勉强答应下来，莫顿于是给他吸了乙醚。

当弗罗斯特从昏迷中醒来时，看到莫顿正笑眯眯地盯着他，接着给他看了已经拔下的病牙。弗罗斯特不能期望有比这更好的结果了，他居然没有感到一点疼痛，病牙却不在嘴里，多年来的一块心病终于消失殆尽。

莫顿看到了成功的希望。但是，这次手术虽然成功，却没有第三个人在场，当然不会得到承认。因此，莫顿竭力创造一个戏剧性的表演机会，展示自己麻醉剂的效果。

他把自己所有的资料捧给波士顿马萨诸塞总医院的沃伦博士看，说服这位高级外科医生使用乙醚麻醉，当众实施一项外科手术。沃伦博士同意了莫顿的请求，同时选定了一位病人，把手术地点定在自己的医院。

1846年10月16日，相当多的医师和学生聚集在手术室，亲眼看着莫顿给病人吉尔伯特吸了乙醚，等病人深度麻醉后，沃伦博士执刀替他摘除了脖子上的肿瘤。手术大为成功，吉尔伯特醒来时，丝毫不感到疼痛。

莫顿的麻醉法很快被医学界推广开来。莫顿并不是位科学家，他的麻醉法也不是自己的发明。他做到的，只是把前人已发现的方法引进手术中，并把它推广开来。但要做到这一点，也需要对事业一往无前的精神。莫顿正是凭着这种精神解决了手术中以前无法避免的疼痛问题。

## CT机的问世

1972年，世界上第一台CT机在英国的EMI公司问世。这是继伦琴发现X射线以来，在医学诊断领域的又一次重大的突破。几十年来，CT机经过了一代代的技术革新，其分辨能力日益提高，成为当代医学诊断技术的一个重要标志。

19世纪末，气体放电现象成为众多物理学家们所热衷于研究的问题。气体在通常情况下是绝缘体，但在高电压下，它们有可能被击穿，例如雷击时天空中的闪电。通过研究，英国物理学家克鲁克斯发现，在稀薄气体中，电荷很容易通过，并能产生美丽的光辉，而且不同的气体可以产生不同的颜色。日常人们所见的霓虹灯就是采用了这个原理。放电管是一根两端分别装有正负电极的密封的玻璃管，里面充有稀薄气体，或者抽成真空。为表彰克鲁克斯的成就，物理学家们将这种放电管称为"克鲁克斯管"，学名叫"阴极射线管"。

穿过气体的电荷从加有高压的阴极发出来，射向阳极，并在阳极的玻璃壁上打出绿光。物理学家将这种射

伦琴

线命名为"阴极射线"，但阴极射线究竟是什么呢？这在当时的物理学界掀起了一场激烈的讨论，后来发现阴极射线就是电子流。德国物理学家伦琴也参加到这场讨论中来，并进行了一系列实验。

1895年11月8日，伦琴在一次阴极射线的实验中，偶然发现了一种可以穿透某些不透明物质的射线，他称其为X射线。

伦琴的这一发现很快被用于医学。在此以前，医生只能凭病人的体表反映，检查和诊断一些明显的症状，而X射线的利用，就能使人体内

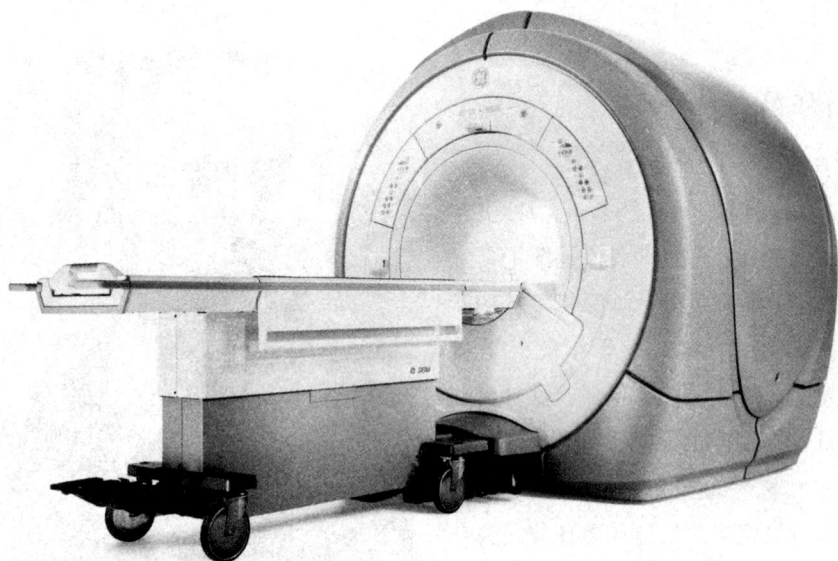

CT机

部的病变反映到荧光屏上。医生第一次可以不用外科手术就能够看见人体内病变和受损伤的情况。不过，利用X射线诊断也存在不足。X射线穿透机体组织，在荧光屏上见到的是体内组织的重叠影像，医生就不易准确地从重影中判定病变的真实情况，即使进行两个三个甚至更多方位的拍摄，还是不能对体内器官准确地透视，尤其是对软器官、软组织，X射线透视实际上没有什么实效。

20世纪中期，电子计算机异军突起，成为最令人类骄傲的伟大发明。电子计算机问世以后，迅速向其他产业渗透扩散，成为推动各行各业发展

的强大动力。

早在1936年，奥地利数学家雷当就提出："任何物体的断层图像，都可以经过数学的方式重建"。这一提法为CT机的出现奠定了理论基础。然而，由于当时计算机技术还无法满足大规模运算的需要，使这一提法只能停留在理论阶段。

1971年，高性能计算机的出现，使计算机技术发生历史性转变后，这一状况才得以改观。

1972年，世界上第一台CT机在英国的EMI公司问世。它的发明者是英国的工程师豪斯费尔德，他与创立影像重建理论的美国物理学家科马

克共同获得了1979年的诺贝尔生理学或医学奖。这是继伦琴发现X射线以来，在医学诊断领域的又一次重大的突破。

CT的全称是"计算机断层摄影系统"，这是集计算机、精密机械、电子控制、X线原理、医学工程等技术于一体的典型高科技产品。它与传统的X线机相比，有本质的不同。

CT机是采取很细的X射线束高度准直以后，围绕身体某一部位，从多个方向做横断层扫描，用灵敏的探测器接收和吸收透过的X射线，利用计算机计算出该层面各点的X射线吸收系数值，再由图像显示器，将不同的数据用不同的灰度等级显示出来，从而为疾病诊断提供可资参考的重要依据。这些数字符号，能转化成胶片图像，就是医生和病人都能看到的CT片。

医用CT扫描机的基本结构包括：

（1）扫描系统。其中主要有能发射X射线的X线管和接受通过人体组织的X线量的探测器。

（2）计算机装置。对扫描收集到的信息数据进行存储、运算并重建图像。

（3）显示装置。显示装置用黑白电视显示装置，也可以用彩色电视显示装置。长期贮存可用磁带和磁盘，或用胶片直接记录。各个吸收系数的实际数值也可由打印机打印出来，与正常数值进行比较。

用CT机诊断的特点是安全快捷，检查方便，易为患者所接受。例如，脑部所有的组织均匀地被颅骨所覆盖，常规的X射线摄影不能显示其细节。CT扫描首先用于脑部，对脑瘤的诊断与定位迅速准确；对脑出血、脑梗塞、颅内出血、脑挫伤等疾病，是一种准确可靠的无损伤检查方法，几乎可以代替过去的脑血流图、气脑摄影和血管造影等检查。

现在的CT诊断技术，发展日益先进。它的灵敏度远高于X线胶片，所得的断层图像分辨率高，图像清楚，解剖关系明确，病变显示良好，大大提高了诊断水平。

CT机发明至今已经更新换代了几次。1972年豪斯菲尔德和科马克向世界展示的CT机，是第一代产品，完成一次扫描需用4~5分钟。而用两个X射线管组成的第二代CT机产品，每次扫描仅需用30~120秒钟。第三代CT机产品用多个X射线管组成，能够用2.5秒完成一次扫描。到了第四代CT机，扫描时间减少到只需1秒钟。第五代CT机，仅需用百分之一秒的时间就能完成扫描，还可以捕捉到人体生理活动的动态变化。

这样的CT扫描仪，虽然已经能正确地反映软组织，但有时也会遗漏一些如肿瘤块的发现。尤其是做脑肿瘤的诊断时，这时由于受制于病人与桥形台的方向的限制，只有与脊柱垂直的平面内进行轴向扫描，才产生最佳成像效果。

为了解决CT扫描存在的这类弊端，1977年，代表20世纪90年代国际科技水平的新的诊断技术——核磁共振成像系统NMR又诞生了。

核磁共振CT的发明得从拉比的工作说起。

拉比是美国著名的核物理学家，自幼聪颖过人，爱好数学和物理，大学毕业后，对核物理情有独钟，下定决心要干一番事业出来。

自从美国物理学家柯特恩等发现质子磁矩后，核的磁奥秘就进一步被揭开了。原来，原子核也像电子那样具有自旋特性，这就形成了核磁矩，它就像一条极小的微型磁铁那样，放在原子当中。当原子核被置于一个十分强大的磁场中时，除了核自旋外，便绕外磁场的轴做拉摩振动，其振动速率与外磁场成正比，即外磁场越大，振动速率也越大，反之则越小。如果此时垂直

于外磁场再加一个频率等于该核振动频率的适当电磁波，核便会共振吸收这一无线电波的能量，这在物理学上称核磁共振。

经过十多年的研究，拉比根据核磁共振现象，终于巧妙地发明了核磁共振成像法，利用它除了可以分析大量化合物外，还可成功地应用到医学上。它与电子计算机联用，就成为一种新型的诊断仪，即NMR-CT。

那么，拉比又是怎样发明核磁共振成像法的呢？原来，原子核的共振频率与核所处的磁场强度有关，信号的强弱又跟参与共振的核间自旋密度有关。利用特别设计的梯度磁场，叠加在核磁共振频谱仪的主磁场上，就可对被测对象进行立体扫描，再用合适的射频脉冲照射，所得到的时间核磁共振信号，经电子计算机处理、变换和图像重建，即可得到被测物质的质子自旋密度或弛豫时间的分布图。这种图像有点像常见的平行光对物体的投影图，这便是核磁共振成像。拉比也因发明了核磁共振法而荣获1944年诺贝尔物理学奖。

自从20世纪70年代，第一台核磁共振仪问世以来，就以飞快速度发展，很快发明了NMR-CT，它在检查中可以任意断面化学成像，特别是对人体的柔软组织，对比度好，不需要

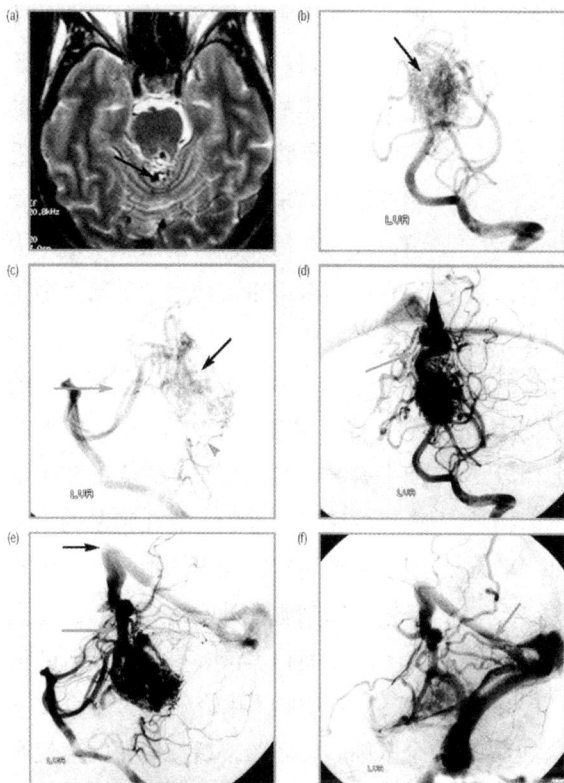

**核磁共振成像脑血管畸形**

在人体组织分子中最多的氢原子，在强磁场作用下，能迫使病人体内的氢原子核的自旋轴在同一个方向上排列，然后，开启无线电发射器，让它发射出低频的无线电波，氢原子核就从这种无线电波中吸收能量。当发射器关闭时，氢原子核就以信号的形式释放出所吸收的能量。利用健康机体组织中氢原子发射的无线电信号，与有病变的组织相比，它们的发射频率和强度不一样，再通过计算机把来自氢原子核的不同信号变成图像，就可作出诊断。

核磁共振NMR与CT相比还有一个优点，即没有明显的副作用，且骨骼对射线的干扰明显降低，成了检验和诊断脑、肝、肾、心脏、神经系统疾病的最新、最安全的方法。

造影剂，无害，安全性强，因此它一问世，立即受到人们的欢迎。核磁共振法发明后，很快被应用到医学上。目前，已应用于对心脏、肝、胆、胰、脾、肾、脑等器官的显影。

核磁共振扫描仪有和CT扫描仪相似的外形。但病人被推进去的那个圆环上装的不是X射线设备，而是一个强有力的电磁铁，一个无线电波发射器和一个无线电波接收器。当电磁铁通电时，产生一个很强的磁场，而

核磁共振成像技术使医学革命更向前推进了一步。虽然CT机和核磁共振扫描仪这些高技术的医疗设备制造成本十分昂贵，但它们的确使人类对疾病诊断的准确性程度大大提高

了，因而被誉为20世纪医学诊断领域所取得的最重大的突破之一。

## 试管婴儿

"试管婴儿"的诞生标志着人类对自身生殖过程的认识有了一个质的飞跃，是医学史上的又一大奇迹。

1959年，一位名叫张民觉的美籍华人。他首次将体外受精的36只小兔子胚胎，分别移入6只雌兔的输卵管中，结果娩出15只健康的"试管兔"。

家兔的体外受精与胚胎移植，打开了"试管动物"的新篇章。但是，在人卵上进行的试验，更复杂，要求的条件也更高。

那么，第一个试管婴儿是何时诞生的呢？

英国一位火车司机约翰·布朗和妻子莱斯莉结婚以后，长期不能生育。妇科医生斯特普顿经过细心地检查，确诊是由于布朗夫人的输卵管堵塞了。输卵管被堵，卵巢里排出的卵子便不能通过输卵管输送到子宫中去，因而布朗夫人当然就不能怀孕了。

斯特普顿又通过认真地检查和分析发现，布朗夫人的卵巢是健康的，

排出的卵细胞也是成熟的，唯一的障碍就发生在没有进入子宫的通道。于是一个大胆的想法浮现在斯特普顿的脑海：如果将布朗夫人的体内成熟的卵细胞取出来，让它在母体外人工受精，成为受精卵，再送回到子宫里去发育，不就可以成功地孕育新生命了吗？

于是，斯特普顿与剑桥大学的罗伯特·爱德华教授合作，征得布朗夫妇的同意，从布朗夫人的卵巢中取出成熟的卵细胞，放在特制的培养液中，并用布朗先生的精子进行体外受精。卵细胞体外受精成功后，他们又不断交换培养液。直到受精后的第6天，受精卵已开始分裂，发育成一个多细胞的胚胎。斯特普顿医生就在此时将这个胚胎放回到布朗夫人的子宫内膜上。胚胎在嵌入子宫内膜并得到母体营养后继续生长、发育，经过正常妊娠，布朗夫人终于在1978年7月26日顺利产下一个女婴。她金发碧眼、身体健康，被起名为露易斯·布朗。因为小露易斯形成胚胎的最初过程是在试管里进行和完成的，所以她就被称为世界上第一例试管婴儿。

以前很多不明真相的人都认为所谓"试管婴儿"就是自受精卵到"孕育"到成形乃至"出生"的整个过程都在试管中进行。其实不然，"试管

婴儿"的实质是把妈妈的卵子从母体中取出来，放在"试管"中，然后与爸爸的精子结合，通过受精点燃生命的火花之后，这个生命的"火种"还要从"试管"中移回妈妈的子宫内，与其他正常母体内受精的卵一样，在子宫内一天天长大，然后高高兴兴地走出子宫这个"摇篮"，开始漫长的人生之旅。在玻璃器皿中受精的过程，很像化学家用试管做实验，所以人们就把这样得到的宝宝形象地称为"试管婴儿"。

爱德华改进了人类卵子受精的方法和保持卵子在体外健康存活所需要的化学溶液。斯特普顿的工作是改善从妇女体内取卵，再把受精卵植入子宫内的技术。他首创了应用腹腔镜从卵巢中摘取卵细胞的技术：通过脐旁腹壁小切口插入腹腔镜顶端，在腹腔中充以惰性气体以获得工作空间，用细长的光学纤维穿过腹腔镜管道，传导光线照亮卵巢。斯特普顿像使用潜望镜那样，通过腹腔镜观察卵巢，选择含有一个成熟卵子的卵泡，吸出卵泡取卵。这项技术在操作时，对身体组织几乎没有什么损伤。

在应用腹腔镜以前，施行取卵手术必须通过女子长长的宫颈，或者在腹部作长切口，这种长切口可引起患者不适和手术疤痕，而插入腹腔镜所

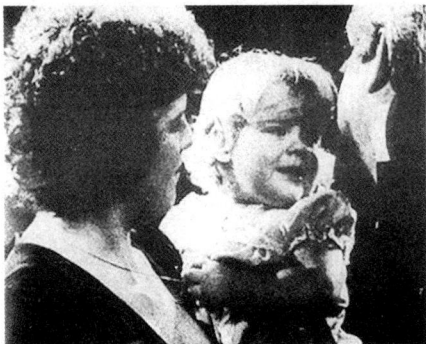

世界上第一个试管婴儿路易斯·布朗

需要的小切口仅需纱布覆盖包扎，患者在手术后一小时内就可起床活动。斯特普顿因发明这种先进的卵细胞摘取手术而赢得了国际声誉。这项技术是早期体外受精实验成功的关键。

1970年，斯特普顿和爱德华宣称，他们已作好把胚胎植入子宫的一切准备。但是，后阶段的研究困难重重。在1987年莱斯莉受孕和分娩路易斯以前，两位医师曾经试验了大约200次，都失败了。他们实际上已使30名妇女受孕成功，但是没有一名妇女把胎儿怀到足月。早在1970年，他俩就曾认为胜利在望，第一个体外受精产生的婴儿即将诞生，可是结果却功败垂成。他们又花费了八年时间才获得成功，这是对两位医师坚持不懈地努力的奖赏。

长期多次失败的原因之一是他们把受精胚胎植入子宫以前，在培养皿中发育时间太长。嗣后，英国伯明翰

大学马斯顿医师用恒河猴作实验证明，如果在卵细胞受精后经过一次分裂后即作早期胚胎移植，就能获得成功。斯特普顿和爱德华在马斯顿实验的启示下，找到了成功的方法。在卵细胞受精后仅两天半，就冒险把胚胎植入莱斯莉的子宫内，比以往任何一次实验都早。在以往实验中，他们是把胚胎培养四天半以后才植入母亲子宫中。

如同移植手术一样，问题在于母体对胚胎的排斥反应。正常妊娠时，卵子从卵巢经过输卵管输送到子宫内，从未离开母体，因而不会成为"异物"，直到充分发育的胎儿在分娩时被排出母体。而经体外受精后再植入的胚胎则不同，有可能被母体视为"异物"。胚胎在体外发育的时间越长，被母体作为"异物"排斥的可能性也就越大。可斯特普顿仍对莱斯莉抱有很大希望，1977年，布朗夫妇勇敢地破除传统生育观念，大胆地进行了试管婴儿的科学试验。试验成功了，布朗夫妇终于拥有了自己的第一个孩子。

自第一个试管婴儿问世以后，全世界掀起了试管婴儿热，发达国家竞相研究试管婴儿。

1978年10月3日，世界上第二个试管婴儿在印度的加尔各答医院降生；1979年初，苏格兰出世了第三个试管婴儿；1980年初，美国第一个体外受精中心在弗吉尼亚州诺福克市开张；1982年，路易斯·布朗的试管妹妹纳塔莉出生；1988年，中国北京和湖南经过五年多试验，成功地完成了中国首例试管婴儿实验；到1990年，全世界已经有近一万名试管婴儿相继诞生；1995年8月18日，上海市首例试管婴儿在上海医科大学附属妇产科医院呱呱坠地……

美国自从20世纪70年代开展试管婴儿措施以来，多胞胎现象便逐渐有所增加。"多子并非多福"，多胞胎的婴儿死亡率和早产率都比较高，对胎儿和母体的健康都不利。

妇产科医生说，如果不能保证将健康的受精卵植入受术妇女的子宫，她们就不得不一次又一次地接受试管婴儿手术，这不仅要花大量费用，在心理上也会造成沉重负担。但是现在，随着一种新的能够更好地检测卵子健康情况的仪器接近于对人进行试验的阶段，妇产科医生看到了希望。

这种仪器是一种电子探针，它能透过细胞壁计量离子转移来判断卵子的新陈代谢状况。目前，科学家们正在研制这种仪器。研究人员希望，如果医生知道哪一个受精卵更有活力，他们将开始只把一个或两个健康的卵子，而不是把整批卵子植入受术妇女的子宫。

过去医生们不得不对怀上三胞胎或多胞胎的妇女进行"减少怀胎数量"的手术。受术妇女可以选择人工流产的方式打掉至少一个胎儿，以便减少风险。通常怀上三胞胎或多胞胎的妇女中有95%接受了堕胎手术。对她们来说，把这些孩子都生下来并且抚养成人不仅非常困难而且相当危险。而现在这种试验性的探针可能减少她们接受这种手术的次数。

1987年，劳斯金和拉塞尔等科学家，分别用人的卵子进行了精子显微镜注射实验，使受精率几乎达到50%。1987年，柯赫采用显微操纵仪，对免疫不孕病人的卵细胞，进行透明带钻孔，引导一个精子穿入，使卵细胞受精，克服了透明带上因为免疫因素造成的精卵结合困难。用这种方法得到的胚胎，经过移植后，得到两例单胎妊娠和三例双胎妊娠。这就是人们所说的"第二代试管婴儿"。

精子微注射法的成功，解决了经典的试管婴儿培育方法不能解决的问题（如免疫因素，精子稀少、精子弱动造成的不孕）。根据这个思路，进一步还能把X型和Y型精子分离出来，再作微注射，这样就可以控制试管婴儿的性别，避免某些伴性遗传病比格在第一次撒哈拉沙漠战争中被阿拉伯人俘虏。在被拘禁期间，他

的发生，从而达到优生的目的。

不管是哪一代试管婴儿技术，目前它们的成功率都很高，通常可以达到15%，在一些好的诊所高达25%，也就是平均每进行4次试管婴儿技术治疗就可获得后代。这与自然情况下，人类平均每尝试4个月才能受孕的成功率相似。

## 器官移植术

器官移植是将某个健康的器官通过手术或其他方法放置到一个患有严重疾病、危在旦夕的病人身体上，让这个器官继续发挥功能，从而使接受者获得新生。

大约在公元前600年左右，古印度的外科医生就用从患者本人手臂上取下来的皮肤来重新修整鼻子。这种古老的植皮技术，其实是一种自体组织的移植技术，它与此后的异体组织移植术就是今天异体器官移植手术的先驱。

眼角膜移植术是最早取得成功的异体组织移植技术。首次眼角膜移植是由一位爱尔兰内科医生比格于1840年完成的。

做了角膜移植手术，将从羚羊眼球上取下的角膜移植到人的眼球上。

1844年，纽约的卡胜医生将猪的角膜移植到人的眼球中，但是不久被移植的角膜就变得不透明了。

经过眼科医生的不断努力，现在角膜移植手术已经是一项很普通的外科手术了。

器官移植要比组织移植复杂得多，难度也更大。现代的器官移植历史应该从美国外科医生阿历克西斯·卡雷尔的工作算起。

1905年，阿历克西斯将一只小狗的心脏移植到了大狗颈部的血管上，并首次在器官移植中缝合血管成功。结果，小狗的心脏跳动了2个小时，后来由于血栓栓塞而停止跳动。这位最早尝试移植心脏的先驱者，也因他的多项研究成果而荣获了1912年诺贝尔生理学或医学奖。

从1951年到1953年，休姆在美国进行了把9个尸体捐赠者的肾脏移植到人体上的手术，最长的存活了6个月。这也是世界上最早的取得部分成功的人体重要脏器移植手术。

20世纪50年代，科学家又完成了动物心脏的移植。一只小狗在换了心脏之后，存活了13个月。

要让器官移植获得较高的成功率，除了要不断提高手术技术和改进

各种医疗器械外，如使用体外循环的心肺机等，最重要的就是要寻找免疫排斥反应的根源和解决器官移植中免疫排斥的方法。

免疫反应是人体对外来异物的反应，对于因细菌、病毒等引起的疾病是一种非常有效的防御作用。不幸的是，人体并不会自动加以区别，对所有经过它辨识为非己之物，哪怕是为了拯救生命而移植来的心脏、肾脏等器官，也会毫不留情地加以排斥，这也就使得器官移植遭遇到了极大的困难。

因此，必须从理论上解决人类器官移植成败的关键问题——免疫排斥反应的根源。20世纪50年代，美国免疫学家斯奈尔发现了小鼠的组织相容性及控制这一特性的H-2基因。1958年，免疫学家让·多塞发现了人体内控制组织相容性基因的"人体白细胞抗原"基因（HLA基因）。到了70年代，哈佛大学学者巴鲁伊·贝塞纳拉夫通过动物实验发现，HLA基因不仅控制着人体免疫反应的强弱，还决定着人体器官移植的成败。这三位学者由于其免疫学方面的成就，获得了1980年的诺贝尔生理学或医学奖。

然而，发现了免疫排斥的根源并不等于找到了解决器官移植中免疫排斥的方法，还需要在实践中不

断探求。1954年12月，美国波士顿医生莫里成功地做了世界上第一例同卵双胞胎之间的肾脏移植手术，使接受手术者活了8年。在同卵双胞胎之间进行器官移植之所以容易成功，是因为他们的白细胞表面抗原大部分相同，组织相容性能匹配，发生排异危险性较小。

但是，这种情况简直太少了。1959年，莫里又采用了另外一种方法，即用对肾脏移植的患者给予了全身大剂量放射线照射以抑制异体排异反应的方法，使非同卵双胞胎间的肾脏移植手术成功。这种方法虽然可以抑制排斥反应，但却造成受体机体的损害。

后来，英国剑桥大学学者罗伊·卡勒发现，硫唑嘌呤可以防止动物身上的异体排斥反应。这一发现也使得器官移植成功率大大提高。1967年12月4日，南非开普敦的巴纳德医师首先成功地完成了人类异体心脏移植手术，使全世界都为之兴奋。

20世纪80年代初期，卡勒又发现了一种叫做"环孢菌素"的抗免疫排斥的药物，而且毒性较低，更适用于器官移植使用。

从1954年莫里成功地完成第一例肾脏移植手术到80年代末，器官移植手术已经挽救了20多万人的生命，全世界也已有15万人成功进行了肾脏移植，心脏和肝脏移植则有一万多例，胰脏移植2500多例，肺移植300多例。

器官移植难度中最大的就是脑移植。为了解决这一难题，瑞典、美国和日本等国家都成立了脑移植研究小组。他们使用白鼠进行帕金森氏病的治疗研究，此病为中脑灰质神经细胞退化，不能分泌多巴胺而出现颤抖和肌肉强直等症状。科学家们首先破坏白鼠灰质，再将白鼠胎儿的灰质细胞移植到与具有帕金森氏病相同症状的白鼠脑内，并获得了成功。瑞典的一家医院在征得帕金森氏病重症患者的同意后，对其实施了脑组织移植手术，术后症状出现了一定程度的减轻。但是，这还不是大脑器官的移植，脑移植要比其他器官移植难度大得多。不过，随着脑移植研究的不断发展，人类脑移植的可能一定会实现。

由于医疗技术的不断进步，器官移植的种类也越来越多，成功率越来越高，许多患者都可以通过器官移植来延续生命。然而现实是，由于器官短缺，远远不能满足移植的需求。许多患者由于等不到合适的器官而死亡。要想解决器官的来源问题，救治更多的危重病人，首先要提高公众对"死亡"这一概念的正确认识，建立"脑死亡",即人死亡的科学概念。同时科学地制定出保护应用"脑死亡"供体的法律,使器官捐赠科学化、制度化、法律化,从而使器官移植事业既能被人们所理解、接受,又能成为人们主动参与的自觉行动。

## 断肢再植传奇

1929年,在浙江宁波一个医生家里,一个男孩出生了,他叫陈中伟。陈中伟从小受家庭环境的熏陶,与医学结下了不解之缘。

有一次,少年陈中伟正在院子里和小伙伴们玩耍。

忽然,家里那只可爱的小花狗从外面跑回来,"汪汪"直叫,声音凄惨,还伴着呻吟声。一个小伙伴眼尖,大叫起来:"中伟,你家的狗受伤了!"

陈中伟低头一看,大吃一惊:小狗耷拉着一条后腿,身子上鲜血淋淋的。他急忙抱起细看,发现后腿已被轧断了。"一定是被车压的。""它一定很疼,赶紧想办法吧!""中伟,要是你爸爸在家就好了,他准有办法。"

小伙伴们七嘴八舌地议论着。听着听着,陈中伟心里忽然闪过一个大胆的念头,他对小伙伴们说:"我

们自己动手把它的腿接上去,好不好?"

听到这个有趣而新奇的计划,大伙都兴奋地附和。陈中伟立刻在家里找出了爸爸的旧解剖刀、剪子、钳子、针线、纱布,像模像样地指挥小伙伴们做这做那,自己则当"主刀医生"。

陈中伟和小伙伴们折腾了老半天,总算在活蹦乱跳的小狗身上完成了"手术"。大家都兴高采烈,开心极了。

爸爸下班回来,陈中伟高兴地说:"爸爸,我今天把小狗的断腿接上去了。"

爸爸弄清了怎么一回事,打趣地说:"我们家出名医了!"笑声过后,他又认真地说:"孩子,如果你真能把断肢接好,可真会成为一代名医。至今为止,还没人能够做到呢!"

没想到,几天后,小狗死了,那只断腿依然耷拉着。

这事给少年陈中伟留下了极其深刻的印象。他立志要突破断肢再接的难关,造福人类。

中学毕业后,陈中伟考入上海第二医学院医疗系,为日后的医学工作打下了坚实的基础。1954年,陈中伟毕业分配在上海第六人民医院骨科工作,正式成为一名骨科医生。

有人做过这么一个比喻：一个好的外科医生，必须具有狮子般的心，老鹰般的眼睛，绣花一样的双手。在工作中，陈中伟牢牢记住这三个"条件"，充分利用所学的医学理论，并密切结合医疗实践，不断提高自己的医学水平。

1963年1月2日上午，陈中伟正在骨科办公室。突然，一阵急促的电话铃声响起。陈中伟拿起听筒，原来机床钢模厂工人王存柏在冲床车间操作时右手臂被冲床切断了，伤员正在送往医院途中。

不一会儿，王存柏和他那鲜血淋漓的断手，在车间生产小组长和几位工人的护送下，急匆匆地出现在医院的急诊室里。王存柏脸色苍白，右手腕以上一寸处被整齐地切断。

躺在手推车上，王存柏看见了陈大夫，双眼立刻升起了希望："陈医生，我知道您是位好医生。求求您，帮我把手接回去，我还想要工作，离不开这只手啊！"

"是啊，陈大夫，我们工人一天也不能没有手啊！"

"陈大夫，一定要想办法帮他接回去。"

听着机床钢模厂领导、工人们热切的恳求，陈中伟不禁想起儿时为小狗接后腿的那一幕。他又何尝不知

道，手对人是多么的重要！通常情况下，只要把断手处冲洗干净，消毒后缝起来就可以了，但这意味着永远失去了这只宝贵的手。

陈中伟心念一动，说："我也很想把断手接回去，但迄今为止，全世界还没有成功的先例。"

"陈医生，您就死马当活马医吧！接不成功，我绝不怪您！"王存柏诚恳地说。

"是啊，试试看，也许会成功呢。不试，永远也不会成功的。"

陈中伟终于下决心"试试看"。擅长接血管手术的外科副主任钱允庆也赶来帮忙。

一场紧张的手术开始了，从上午9点半一直进行到下午5点，陈中伟终于完成了世界医学史上具有里程碑意义的断手再植手术。

接下来的日子里，这只重新接回去的断手得到了最精心的护理。几个月后，断手成活了！王存柏奇迹般地转动着失而复得的右手，热泪盈眶。陈中伟凭着卓越的才华和过人的胆识，首创再植外科，轰动了国外医学界。

从那以后，陈中伟共完成断肢再植手术300多例，在研究了显微外科后，手术成功率达92%以上。他被誉为"断肢再植术的奠基人"。

## 心肺机的发明

20世纪30年代以前，心脏一直是个手术禁区，犹如伊甸园的禁果，神圣不可侵犯。

原来，心脏跳动停止，血液循环也就停止了。如果血液循环停止6分钟，大脑便会缺氧，生命就无可挽救。6分钟时间，即使最简单的心脏手术也是无法完成的。因而，在很长一段时间里，心脏是无法进行手术治疗的。

1930年10月3日，美国波士顿麻省中心医院有一个患肺动脉血栓症的病人危在旦夕。如果打开胸腔，除去凝血块，病人便可得救，否则，只有等死。医院外科医师查吉尔冒险一试，他和助手实习医生吉伯思将病人麻醉，切开血管，但是，病人还是因脑缺氧而死去。这血的教训，深深激励吉伯思医生去发明一种代替血肺跳动的机器，突破关键的6分钟。

1931年2月，吉伯思实习期满和研究生玛莉一起研究心肺机。他俩设想，把患者静脉系统的血先用泵打进贮存器中，贮存器内贮有启动机器必需的血液，然后血液进入充氧器，它是模式充氧器，代替人体肺的功能。它由下列4部分组成：一是气体交换

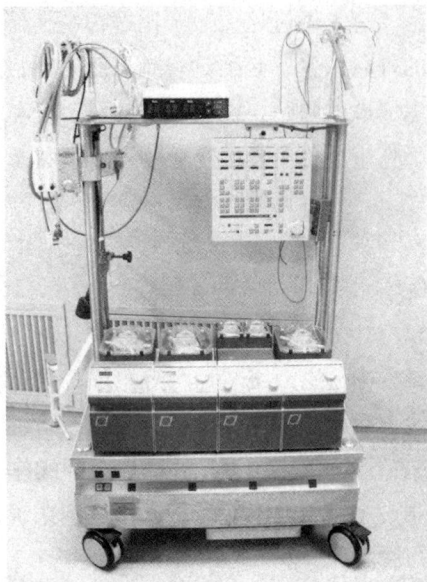

人工心肺机

器，给血液充氧并消除二氧化碳；二是热交换器，用来调整血液的温度；三是消泡室，用消泡剂消去血液中的气泡；四是沉淀室，作为将血液泵入动脉前的贮存器。

经过他俩的共同努力，于1935年制成第一台能够代替人心肺的机器。这台心肺机可代替心功能达3小时50分钟之久，但要临床应用，还必须有其他功能的附件。吉伯思以锲而不舍的精神，经过18年努力，在1953年终于制成了实用的心肺机。从此，不但是突破6分钟，而是可连续工作几天的心肺机问世了。第一次临床应用，就旗开得胜。是年年初，波士顿麻省中心医院对一个15个月男孩做心脏手

术获得成功；是年5月6日，吉伯思又用心肺机为一个18岁的青年做心脏手术，又取得成功。据记载，这位病人迄今仍健在。为此，美国国会特地给吉伯思颁发32万美元奖金。

吉伯思从在波士顿麻省中心医院做肺动脉血栓手术失败而下决心制造心肺机，以至成功地制成心肺机并用它来挽救病人，前后历时23年终于实现夙愿。当有人问他凭什么力量来实现自己的理想时，吉伯思说："支配我的是对人类负责的思想和不屈不挠的精神，我的愿望是把最终的成果奉献给社会。"

## 人工肾脏的发明

1912年的一天，在美国的一家大医院里，一位名叫爱贝尔的年轻医生正在抢救一个患尿毒症的病人。病人已经昏迷数日，呼吸微弱，情况十分危急。虽然爱贝尔采取对症的抢救措施，但病人最后还是停止了心跳。

对病人的死去，爱贝尔心里感到十分沉重。他知道，尿毒症是医学界尚未攻克的世界性难题。但是，他认为面对病人以及家人期盼的目光，摇着头对他们说"无能为力"，那是整个医学界的失职。

就在这一刻，爱贝尔暗暗下定决心，一定要攻下这个难关。从此，爱贝尔开始了尿毒症治疗的研究工作，他从资料上了解到，许多医学专家试验过这样那样的治疗方法，可效果都不理想。

一天，爱贝尔忽然产生了一个大胆的想法："造一个人工肾脏，代替尿毒症患者已失去正常功能的肾脏的工作。"要想将这个想法变成现实是一件极为困难的事，需要解决许多问题。肾脏最基本的功能就是将血液里的各种新陈代谢的废物过滤出来，形成尿液。在肾脏里有一层奇妙的过滤膜，起到"筛子"的作用。因此，要造人工肾脏，首先要造一个能将血液里的废物滤去的膜。

爱贝尔将所有收集的薄膜都进行了试验，可这些薄膜要么"筛孔"太小，连废物也滤不下；要么"筛孔"太大，连血液里的红细胞、蛋白质等都滤下了。要寻找到"筛孔"大小恰到好处的膜谈何容易！

就在爱贝尔的实验陷入困境时，他的一位同行给他提供了由火棉胶制成的薄膜。爱贝尔将薄膜铺在漏斗上，然后再缓慢地倒入狗的血液进行试验，只见一滴滴的清液往下滴。爱贝尔高兴极了，他看到了希望的曙光。

经过化验，证实滤出的清液中只含有尿素氮等废物，而不含红细胞、白细胞和蛋白质。爱贝尔取得了阶段性的胜利。1913年，爱贝尔发明了一种原始的人工肾脏。

为了让同行们了解自己的研究进展，爱贝尔邀请医学专家观看人工肾脏在兔子身上的使用情况。他在大白兔的动脉和静脉上各插入一根细管子，将两根细管子与一根由火棉胶制成的管子相连，并将火棉胶管浸在一个盛有生理盐水的盆中。这样，血液从动脉出来，经过火棉胶管过滤，又流回静脉中。实验证明，火棉胶管滤出了大量的废物。

可是，由于两大原因使爱贝尔的发明只能停留在实验室，无法用于临床：一是血液离开人体，很快就会凝结；二是血液在经过人工肾脏时，需要泵之类的机器保持血液流动速度。

1920年，医学专家研制出了一种效果良好的抗凝药物，叫肝素。它铲平了压在人工肾脏上的一座大山！

1923年，德国医学家哈斯对爱贝尔发明的人工肾脏进行了改进。他在血液中加入一定比例的肝素，使血液不凝结，还采用电池作为电源的电动泵对过滤的血液加速。至此，人工肾脏替代技术已经初步成熟了。

哈斯将人工肾脏应用于生命垂危的尿毒症患者身上。结果病人转危为安。之后，哈斯又连续采用人工肾脏治疗了一些尿毒症病人，取得了一定的治疗效果。

在哈斯成功地研制出改进的人工肾脏后的20年，荷兰医学家考尔夫又登上了一个山峰。

考尔夫对哈斯的人工肾脏又做了重大改进，采用性能极好的赛璐玢醋酸纤维薄膜作为透析膜（即过滤膜），加大透析膜的面积，将长达20米的透析管盘绕在一个鼓形圆筒上，在人工肾脏上安装上血泵等。考尔夫研制的这种人工肾脏的治疗效果比哈斯的大大提高了一步，使人工肾脏真正地走到临床。

从这以后，人工肾脏拯救了许许多多尿毒症患者的生命。

## 震惊世界的克隆技术

克隆是指复制与原件完全一样的副本的过程。从生物学的角度来讲，克隆是一种人工诱导的无性繁殖方式或者是植物的无性繁殖方式。一个克隆就是一个多细胞生物在遗传上与另外一种生物完全一样。科学家把人工遗传操作动物繁殖的过程叫克隆，这门生物技术叫克隆技术。

克隆是英语clone的音译，指人工诱导的无性繁殖。1997年2月22日，英国生物遗传学家伊恩·维尔穆特成功地克隆出了一只羊，这就是震惊世界的克隆羊"多莉"。动物克隆试验的成功在细胞工程方面具有划时代的意义。"多莉"的诞生，意味着人类可以利用动物的一个组织细胞，像复印文件一样，大量生产出相同的生命体，这就是神奇的克隆技术。它是基因工程研究领域的重大突破。维尔穆特因此被称为"克隆羊之父"。英国和中国等国在20世纪80年代后期先后利用胚胎细胞作为供体，"克隆"出了哺乳动物。到20世纪90年代中期，中国已用此种方法"克隆"了老鼠、兔子、山羊、牛、猪等五种哺乳动物。

克隆基本过程是，先将含有遗传物质的供体细胞的核移植到去除了细胞核的卵细胞中，利用微电流刺激等方法使两者融合为一体，然后促使这一新细胞分裂繁殖发育成胚胎，当胚胎发育到一定程度后，再植入动物子宫中使动物怀孕，经过一段时间孕育，便可产下与提供细胞者基因相同的动物。这一过程中如果对供体细胞进行基因改造，那么无性繁殖的动物后代基因就会发生相应的变化。

克隆技术在现代生物学中被称为"生物放大技术"，它已经历了三个发展时期：第一个时期是微生物克隆，即用一个细菌很快复制出成千上万个和它一模一样的细菌，而变成一个细菌群；第二个时期是生物技术克隆，比如用遗传基因——DNA克隆；第三个时期是动物克隆，即由一个细胞克隆成一个动物。克隆绵羊"多莉"由一头母羊的体细胞克隆而来，使用的便是动物克隆技术。

在自然界当中，其实不少植物都具有先天的克隆本能，如番薯、马铃薯、玫瑰等插枝繁殖的植物。而动物的克隆技术，则经历了由胚胎细胞到体细胞的发展过程。

早在20世纪50年代时，美国科学家就以两栖动物和鱼类作为研究对象，首创了细胞核移植技术。1986年，英国科学家魏拉德森就用胚胎细胞克隆出一只羊，此后又有人相继克隆出了牛、鼠、兔、猴等动物。这些克隆动物的诞生，都是利用胚胎细胞作为供体细胞进行细胞核移植而获得成功的。

而克隆绵羊"多莉"是用乳腺上皮细胞（体细胞）作为供体细胞进行细胞核移植的，它也揭开了生物克隆史上崭新的一页，突破了利用胚胎细胞进行核移植的传统方式，使克隆技术得到了长足的进展。

1997年2月22日，对罗斯林研究所的科学家维尔穆特研究小组全体成员来说，是个值得庆祝的日子。一只妊娠了148天、体重为6.6千克的、编号为6LL3的小绵羊诞生在这个世界上，这是科学家用克隆技术"创造"出来的。经过几个月的精心呵护，小家伙健康地成长了起来。不久，它获得了一个响亮动听的名字——多莉。

在培育多莉的过程中，科学家采用的是体细胞克隆技术。体细胞的克隆需要依靠人工技术进行，因此要比通过生殖细胞进行繁殖困难得多，其原因在于：它与生物的个体繁殖过程有关。动物在有性繁殖的个体发育过程中，每个体细胞在功能方面发生分化，最终形成特殊的组织和器官。尽管所有体细胞拥有相同的基因组，但个体细胞却丧失了"全能性"。在细胞生长过程中，除了那些含有导致形成组织和器官的密码基因外，基因通过某些机制将体细胞"封闭起来"，使它们不能转变为其他组织和器官。

克隆小绵羊"多莉"的出生非常曲折，它没有父亲，但是却有3位母亲。首先，科学家从一只产自芬兰的6岁成年多塞特母绵羊A（"多莉"的亲生母亲）的乳腺中取出一个本身并没有繁殖能力的普通细胞，将其放入低浓度的营养培养液中，细胞逐渐停止分裂，此细胞被称为"供体细胞"；然后，科学家再取出另一只苏格兰黑母绵羊B（"多莉"的借卵母亲）的未受精的卵细胞，将这个卵细胞中的基因取出，换上母绵羊B的乳腺细胞的基因，形成一个含有新遗传

物质的卵细胞；再将这个基因已被"调包"的卵细胞放电激活，促使它分裂发育成胚胎；最后，当胚胎生长到一定程度时，再将它植入第三只母绵羊C（"多莉"的代孕母亲）的子宫中，经过正常的妊娠产下"多莉"。

从理论上讲，多莉完全继承了其亲生母亲——多塞特母绵羊A的全部DNA基因特征，是多塞特母绵羊100%的复制品，它是一只白脸羊，而不是黑脸羊。分子生物的测定也表明，它与提供细胞核的那只羊有完全相同的遗传物质，它们就像一对隔了6年的双胞胎。多莉没有父亲，它是通过无性繁殖，或说克隆技术而来的。

无性繁殖现象在低等植物中是存在的，而按照哺乳动物界的规律，动物的繁衍要由两性生殖细胞来完成，由于父体和母体的遗传物质在后代体内各占50%，因此后代绝不是父母的复制品。而克隆绵羊的诞生，意味着人类可以利用哺乳动物的一个细胞大量生产出完全相同的生命体，完全打破了亘古不变的自然规律。这是生物工程技术发展史中的一个里程碑，也是人类历史上的一项重大科学突破。

克隆技术被誉为"一座挖掘不尽的金矿"，在生产实践上具有重要的现实意义，潜在的经济价值也相当巨大。首先，在动物杂种优势利用方

"克隆羊之父"伊恩·维尔穆特与克隆羊多莉

面，较常规方法而言，哺乳动物克隆技术费时少、选育的种畜性状稳定；其次，克隆技术在抢救濒危珍稀物种、保护生物多样性方面可发挥重要作用，即使在自然交配成功率很低的情况下，科研人员也可以从濒危珍稀动物个体身上选择适当的体细胞进行无性繁殖，达到有效保护这些物种的目的。

然而，动物克隆技术对人类来说，应该是一把"双刃剑"。一方面，它可以给人类带来许多益处，如保持优良品种、挽救濒危动物、利用克隆动物相同的基因背景进行生物医学研究等；另一方面，它又会对生物的多样性提出挑战，生物的多样性是自然进化的结果，也是进化的动力，有性繁殖是形成生物多样性的重要基础，而"克隆动物"的无性繁殖会导致生物品系减少，个体生存能力下降。

更让人不寒而栗的是，克隆技术一旦被滥用于克隆人类自身，将不可避免地失去控制，带来空前的生态混乱，并可能引发一系列严重的伦理道德冲突。对此，世界各国政府和科学界已开始高度关注，并采取立法等措施明令禁止用克隆技术制造"克隆人"，以保证克隆只用于造福人类，而绝非复制人类。

但不可否认，克隆技术的的确确是生物科学上的一个大进步。科技的成果是掌握在人类手中的。如果人类能够理智和谨慎地利用克隆技术，那么克隆技术将会把人类社会带入一片美好的新天地。

## DNA指纹鉴定的秘密

通过分子化学的方式将生物的遗传物质DNA形成图谱，就是该生物的DNA指纹。一根毛发、几个皮肤细胞等小样品，甚至是鼻黏膜、唾液等，都可以用来进行DNA指纹分析和鉴定。人类染色体中，贮存遗传信息的DNA分子由A、G、C、T这4种碱基排列而成，而且有上亿种的组合方式。如果随机检查两个人的DNA指纹图谱，除了双胞胎以外，其完全相同的概率仅为3000亿分之一。这与全世界50亿人口相比，准确率接近100%。

目前，DNA指纹图谱已经逐渐取代了传统的指纹、齿痕等鉴定方法，成为身份鉴定的首要工具。而DNA指纹技术，是核酸指纹技术的一种；RNA指纹技术（研究不同基因的表达）与DNA指纹技术一起，统称为核酸指纹技术。

DNA指纹技术主要用于研究DNA序列的多态性，它的指纹技术有两方面：一方面用总基因的分离来确定在群体中是否或多大范围存在DNA序列多态性；另一方面是从已分离的总基因组中再分离特殊部分，包括线粒体（或质粒）的分离、染色体分离和基因分离（或基因片段）的分离。

DNA指纹技术开辟了生物物证检验的新领域，在法医DNA分析领域内的非同位素标记探针、DNA扩增等方面取得的成果，提高了法医DNA分析水平。DNA指纹技术自投入实际应用以来，为一大批重大疑难案件的侦破提供了科学支持。该技术解决了微量血液、血斑及毛发、指甲等特殊生物物证检材的法医DNA检验难题，最少检测量达到相当于0.02微升血液、0.1厘米毛发，0.1毫米指甲；其短串联重复序列（STRS）复合扩增及扩增片段长度多态性研究的实验方法可用于极微量检材及腐败检材。

而随着模式识别、图像处理和信息传感等技术的不断发展，生物识别显示出广阔的应用前景，DNA识别技术是最有说服力的身份鉴定证据。

第二次海湾战争中，伊拉克总统萨达姆及其子女的生死问题就是一大悬念。自从"逊尼派三角地带"被怀疑为萨达姆的藏身之地后，美军就在这个地区先后展开了"常春藤旋风1号""常春藤旋风2号"等一系列搜捕行动。后来，在"红色黎明行动"中终于逮住了萨达姆。美军将萨达姆转移到一处安全的地点，随后便采取了DNA指纹鉴定方式，确定萨达姆的身份。

萨达姆的身份鉴定的基本原理是将被捕者本人的DNA样本与萨达姆的两个儿子乌代和库赛的Y染色体上的"短串联重复序列"相比较，因为Y染色体是直接从父亲遗传到儿子身上的一种固定遗传信息。首先，美军从萨达姆口腔中取得细胞涂片，接着又用聚合酶链反应（PCR）的技术将DNA样本放大。最后，利用放大的DNA数据分析被捕者的基因图谱。DNA专家测试后证明，被捕者就是萨达姆本人。

萨达姆身份鉴定中，所提取的聚合酶链反应是一种可以无限扩增某段DNA的简单方法。DNA是由4种碱基按互补配对原则组成的螺旋双链。在细胞内，DNA复制时，解螺旋酶首先解开双链，使之变成单链作为模板，然后另一种酶——RNA聚合酶，再合成一小段引物结合到DNA模板上，最后DNA合成酶以这段引物为起点，合成与DNA模板配对的新链。

PCR即是在体外模拟DNA复制的过程，用加热的办法让所研究的DNA片段变性变成两条单链，人工合成两个引物让它们结合到DNA模板的两端，DNA聚合酶即可以大量复制该模板。0.1微升的唾液痕迹所含的DNA，通过PCR扩增就可获得足够量的DNA进行测试。利用PCR技术，科学家们已从林肯的头发和血液、埃及的木乃伊、琥珀中8000万年前的昆虫、恐龙的骨头等不寻常的样品中，提取到了足够的DNA。

DNA指纹鉴别技术有着广阔的发展空间，科学家将来甚至可以从DNA指纹中判断出一个人头发、眼睛的颜色，以及其相貌特征等。而且，该技术将在器官移植、输血、耐药基因的认定和干细胞移植等方面，发挥出重大的作用。一些发达国家也将颁布DNA身份证，记录身份证持有者所有的遗传信息。到那时，DNA指纹鉴别就真正进入寻常百姓家了。

我们相信，DNA指纹鉴别技术的黄金时代很快就会到来。在更大的意义上来说，这个黄金时代将会给人类带来更多的福音——彻底破解生命的奥秘，弄清人类的来历，澄清各种疾病的病因，实现医学研究从对症下药到根本预防的转移。随着对DNA了解的深入，人类如何理智地控制、改造和安全地运用该项技术，已成为被广泛关注的问题。

## 转基因技术

将人工分离和修饰过的基因导入到生物体基因组中，由于导入基因的表达，引起生物体性状的可遗传修饰，这一技术就被称为转基因技术。我们平时常说的"遗传工程""基因工程""遗传转化"等，均为转基因的同义词。经转基因技术修饰的生物体，在媒体上常被称为"遗传修饰过的生物体"（Genetically modified organism，简称GMO）。

自从人类学会耕种作物以来，就从未停止过对作物的遗传改良。在过去，农作物改良的方式主要是对自然突变产生的优良基因和重组体进行选择和利用，再通过随机和自然方式积累优良基因。遗传学创立后，动植物育种则是采用人工杂交的方法，进行优良基因的重组和外源基因的导入，从而实现生物的遗传改良。

因此，转基因技术与传统技术是一脉相承的，其本质都是通过获得优良基因进行遗传改良。但是，在基因转移的范围和效率上，转基因技术与传统育种技术也有区别。

首先，传统技术通常只能在生物种内个体间实现基因转移；而转基因技术所转移的基因，不会受到生物体间亲缘关系的限制；其次，传统杂交和选择技术，通常都是在生物个体水平上进行的，操作对象是整个基因组，所转移的也是大量的基因，不可能准确地对某个基因进行操作和选择，对后代的表现预见性较差。而转基因技术所操作和转移的，通常都是经过明确定义的基因，功能清楚，后代表现可准确预期。因此，转基因技术是对传统技术的发展和提升。如果生命科学将两者紧密结合起来，即可大大地提高动植物品种改良的效率。

转基因植物是指拥有来自其他物种基因的植物。它可以通过原生质体融合、细胞重组、遗传物质转移、染色体工程技术等方式获得，并可能改变植物的某些遗传特性，培育高产、优质、抗病毒、抗虫、抗寒、抗旱、抗涝、抗盐碱、抗除草剂等作物的新品种。而且，还可用转基因植物或离体培养的细胞来生产外源基因的表达产物，如人的生长素、胰岛素、干扰素、白介素2、表皮生长因子、乙型肝炎疫苗等基因，都可以在转基因植物中获得表达。

转基因植物的研究主要在于改进植物的品质，改变生长周期或花期等，从而提高植物的经济价值或观赏价值；或者作为某些蛋白质和次生代谢产物的生物反应器，对植物进行大规模生产；也可以用于研究基因在植物个体发育中，以及正常生理代谢过程中的功能。

以植物作为生物技术的实验材料，可以用单个细胞分化发育出整个植株。这样，经过基因工程改造的单个植物细胞，就有可能再生成一棵完整的转基因植株。这些植株还可通过有性生殖过程，把改变了的性状遗传给下一代。

你听说过6000美元1磅的羊奶吗？听说过身价30万美元的羊吗？听说过每年产奶价值数10亿美元的奶牛吗？这些都不是天方夜谭，而是将变成活生生的事实。

这些动物身价百倍的奥秘何在呢？很简单，就在于它们是转基因动物，它们的乳汁中含有"药"，它们是天然的、无公害的"动物药厂"。利用转基因动物生产蛋白质、造药，是全新的生产模式。与细菌、细胞等生物工程制药相比，转基因动物的乳汁方便收集，且不损伤动物身体；目的蛋白质已经过动物体内加工和修饰，不必再进行后加工。同时，用转基因动物生产，还不需投入大量的资金建厂、添设施、雇用人员等。

此外，转基因动物还将是人类最好的"器官库"，能提供从皮肤、角膜，到心、肝、肾等几乎所有的"零件"，让器官移植专家充分自己的施展才华，让体内部分"零部件"出了

故障的病人重获生的希望。

那么究竟什么是转基因动物呢？它们为何有这样神奇的功能？

所谓转基因动物，就是基因组中含有外源基因的动物。它是按照人类预先的设计，通过细胞融合、细胞重组、遗传物质转移、染色体工程和基因工程技术，将外源基因导入精子、卵细胞或受精卵，再以生殖工程技术，最终发育而成的动物。通过生长素基因、多产基因、促卵素基因、高泌乳量基因、瘦肉型基因、角蛋白基因、抗寄生虫基因、抗病毒基因等基因的转移，可能育成生长周期短，产仔、生蛋多和泌乳量高的动物，比如转基因超级鼠就比普通的老鼠大出约一倍。

不过，由于转基因动物受遗传镶

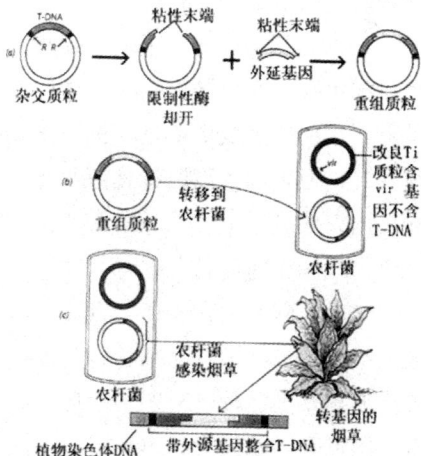

转基因烟草

嵌性和杂合性的影响，其有性生殖后代出现变异的概率较大，因而难以形成稳定遗传的转基因品系。所以，尝试从受体动物细胞中分离出线粒体，以外源基因对其进行离体转化，再将转基因线粒体导入受精卵，所发育成的转基因动物雌性个体外培养的卵细胞与任一雄性个体交配或体外人工授精，由于线粒体的细胞质遗传，其有性后代就可能全都是转基因个体了。

随着转基因的发展，转基因食品也出现了。

所谓转基因食品，就是利用分子生物学技术，将某些生物的基因转移到其他物种中去，从而改造生物的遗传物质，使其在性状、营养品质、消费品质等方面向人类所需要的目标转变，以转基因生物为直接食品或为原料加工生产出来的食品。

20世纪90年代初，第一个转基因食品的出现是在美国，它是一种保鲜番茄。这项研究成果本是在英国研究成功的，但英国人没敢将其商业化，而美国人便成了第一个吃螃蟹的人，结果也让保守的英国人后悔不迭。

此后，转基因食品便一发而不可收。据统计，美国食品和药物管理局确定的转基因品种已有四十多种。而且美国也是转基因食品出现最多的国家，60%以上的加工食品中都含有转基因成分，90%以上的大豆、50%以上的玉米、小麦等，都是转基因的。而且，转基因食品还包括转基因植物，如西红柿、土豆、玉米等，还有转基因动物，如鱼、牛、羊等。

不过，面对越来越多的转基因食品，人们的认识也并非一致。比如美国和欧洲，美国是转基因食品的"主吃派"，而欧洲则是"反吃派"。调查表明，美国、加拿大两国的消费者大多已接受了转基因食品，而欧洲大多数人都是反对转基因食品的，英国尤为明显。

英国之所以持反对态度，是因为在1998年，英国一位教授的研究表明，幼鼠食用转基因的土豆后，会使内脏和免疫系统受损。这是对转基因食品提出的最早质疑，并在英国及全世界引发了关于转基因食品安全性的大讨论。虽然英国皇家学会于1999年5月发表声明：此项研究"充满漏洞"，得出转基因土豆有害生物健康的结论完全不足为凭。但是，转基因食品的安全性问题还是引起了消费者的怀疑。

那么，转基因食品的安全性到底如何呢？从本质上讲，转基因生物和常规育成的品种是一样的，两者都是在原有基础上对某些性状进行修饰，或增加新性状，或消除原有不利性状。常规育成的品种仅限于种内或近缘种间，而转基因植物中的外源基因

**转基因动物**

可来自植物、动物、微生物等。虽然目前的科学水平还不能完全精确地预测一个外源基因在新的遗传背景中会产生哪些相互作用，但从理论上讲，转基因食品还是安全的。

## 新兴的空间生物技术

随着空间技术的发展，太空生物技术应运而生。

太空生物技术主要研究什么呢？

它主要有两方面的研究内容：一方面是宇航员本身对太空环境的适应能力、生命代谢活力及其变化，对物质循环的利用以及机体内部微生态平衡，等等；另一方面，随宇航员旅行的其他生命体及其形态、生理、生化、遗传特性、适应性等经太空旅行后可能发生的变化，人们可从中选择优良品种，为人类服务。

1987年，是中国太空生物技术取得丰硕成果的一年。中国将一系列生物材料带入太空，主要有"工程细胞"、藻类、作物种子及一些动物等。中国是继美国、苏联后，第三个进行这项技术研究的国家。

试验表明，水稻、大麦、青椒、黄瓜等多种作物种子经太空旅行后，成活率提高，作物秸秆粗壮、抗逆性增强，而且籽粒饱满、果实丰厚，产量比普通种子种植的提高2~3倍。试验还发现，在地球上种植的紫红色鸡冠花的种子，经太空旅行后再种植，所开的花朵由原来的紫红色变为淡绿色。

中国科学院遗传研究所的研究人员发现，从卫星回收舱里取下的搭载生物样品中，试管里培养的长出10毫米茎粗的石刁柏，可用于开发防癌药物。

所有这些成绩，给我们一些启示，就是利用空间生物技术对传统作物进行改造，在作物栽培方式的改良和作物产量和质量的提高上，显示了广阔的发展前景。

其他一些微小的生物经太空旅行后，是否也出现了一些变化？

回答是肯定的。中国科学院水生

物研究所的研究人员，将15种微型藻和两种大型藻作为材料，载入我国第14颗返回式卫星进行的第三次太空试验。科学家们研究了这些微小生物对空间环境适应能力、性状分离以及固氮能力等，获得了固氮能力较高的蓝藻新品种。科学家们寄希望于这种蓝藻，希望它的发现能为开发高效优质生物肥料和饲料找到新的途径。但关键在于这种蓝藻的遗传稳定性怎样。德国慕尼黑大学的研究人员也作了大量的试验，他们利用"哥伦比亚"号航天飞机携带的酿酒原料和酵母，研究失重条件下宇宙射线对酵母的影响，希望能在突变的酵母中找到能提高啤酒质量、商业可用的酵母新品种。

到目前为止，已有多种生物进入太空旅行，包括真核的、原核的；"工程"的、非"工程"的；高等的、低等的；自养型、异养型，等等。它们经太空旅行后，对空间环境产生适应性，在生理活性及遗传性状上发生了相应的变化，其中有的性状正是人类所必需的。然而，它们在返回地球后，这些性状能否稳定遗传？能否发生回复性突变？这正是科学家们要研究的，也是决定空间生物技术应用前景的一个重要方面。

太空对进入其中的所有生物有影响，当然也包括人在内。这也是太空生物学研究的一个非常重要的方面。不过，人有主动地改造世界的能力，要利用太空生物技术，使太空环境与宇航员的关系得到协调，有利于宇航员正常地执行任务。

人进入太空后需要的氧气和产生的废物怎么办？科学家们发现，这可以通过微小生物来解决。单胞藻是一类非常有用的微小生物，它能有效地进行光合作用，吸收二氧化碳，放出氧气。小球藻是单胞藻的一种，它代谢活跃，每克小球藻每小时可放出10克氧。因此，有可能利用它建造"生物氧发生器"。一方面利用太空人呼吸排放的二氧化碳作为碳源，在光照条件下形成有机物，提供能源和食物来源。另一方面光合放氧，为太空人供氧。建立这种供氧系统，为太空人的生存提供了条件，也为人类在外星上生存提供了可能。

太空生物技术在迅速发展着，它对人类的未来有着非常重要的意义。

# 军事科学博览

JUN SHI KE XUE BO LAN

## 战场上的怪物

1916年9月，在法国的松姆河地区，英法联军与德军发生了激烈的战斗。德军凭借着坚固的碉堡，以极有利的地形，一次次打退了英法联军的猛烈进攻。

9月15日，天刚亮，战场就响起了阵阵枪声。不一会儿，从英法联军阵地上，忽然冒出了像铁盒子似的黑色"怪物"。在这些"怪物"的两边还射出炮弹。德军被这些"怪物"吓坏了，慌忙举枪向它射击。可是，令他们吃惊的是，子弹打上去后就落下来，"怪物"照样向阵地压来。就这样，英法联军仅用两个多小时，就突破了久攻不下的德军防线，占领了纵横500千米的德军阵地。

为这场战役立下汗马功劳的"怪物"就是坦克。这是坦克诞生后第一次公开亮相。参加这次战役的坦克有49辆，可因机械发生故障，到达战场的只剩下32辆。在这32辆中，也只有18辆真正参加了战斗。

虽然坦克的制造技术还很不完善，但人们已看到了坦克强大的战斗力。那么，坦克是怎么发明的呢？

第二次世界大战初期，由于对峙中的防御一方，使用大量机枪，并筑有碉堡、挖了堑壕，因此，进攻的一方往往要遭受惨重的人员伤亡。军事界的有关专家都在考虑：能不能制造一种既能攻又能守，兼具"矛"和"盾"的特性的新式武器呢？

有一位将军向英国政府建议：可以用履带式拖拉机装上钢铁外衣，装备上机枪和炮，改装成战车。这样的战车既能进攻，又能防御。

英国国防委员、海军大臣丘吉尔得知后，说："这主意不错，可以试试。"1915年2月，丘吉尔在他的海军部里秘密成立了"创制陆地巡洋舰委员会"，着手"陆地巡洋舰"的试制工作。

这些海军专家对水上船舰情有独钟。他们想：巡洋舰是很有威力的，应该把这种新式武器设计成巡洋舰一样。于是，他们照着巡洋舰的样子，设计出了新式武器：全长30米，宽24米，高约12米，自身重量达1.2万吨；3个车轮的直径12米，钢甲厚度8厘米，装配400马力发动机两部，车内安装大炮2门，随带炮弹300发，机枪12挺，子弹6万发。

设计图完成后，送到海军制造局局长那儿，结果局长否定了这个方案。他解释说："你们想想，4层楼高的巨大的体重，5条鲸鱼总重量的

F1: Mark II (Female) tank C21 *The Perfect Lady* of C Company, Heavy Branch, Machine Gun Corps; Battle of Arras, April 1917

F2: Mark III (Male) training tank; Bovington Camp, Dorset, 1917

**第一次世界大战中的英国"马克1"型坦克**

武器，怎么能适应陆地上作战呢？应该让它小一些，精巧些。"

于是，海军专家们又开始重新设计。经过专家们的努力，新的方案出来了。这个新的方案是将这陆地巡洋舰设计成像一个斜方形铁盒子。它长8.1米，宽4.2米，高3.2米，全身重量28吨，钢甲厚度5～10厘米，装配105马力发动机1部，内装装配两门海军火炮，4挺轻机枪。

林肯城一家机械制造厂接受了制造任务，他们按照图纸进行制造。1916年1月30日，第一辆实用的陆地巡洋舰问世了！

新式武器诞生了，总得有个正式的名字。该叫什么呢？说来有趣，为了给它起一个好听而又恰当的名字，英国海军界还发生了一场争议。

有人说："我看还是沿用原来的名字，就叫陆地巡洋舰或者无限轨道机枪战斗车，这名字比较贴切地反映它的特征。"

有人说："名字不应该暴露它的用途和特征，我看可以叫老母亲，因为它将是未来武器的老祖宗。"

有人说："可以叫它皇家蜈蚣，这样既不暴露身份，又形象。"

大家你一言我一语的争论不休。

这时，主持这个课题的总工程师建议说："我想了三个名字：储水池、储藏器、水箱（英语"tank"的意思）。大家看看哪个好。"

"还是水箱好，它既不暴露用途和特征，又形象，还与我们海军有点关系。"大家一致同意了这个名字。

于是，这种新型武器投入第一次战斗，并获得巨大成功后，它就以"坦克"（"tank"的音译）闻名于世。

## 会自动跟踪的激光武器

美军激光武器试验

激光是20世纪以来继原子能、计算机、半导体之后，人类的又一重大发明，被称为"最快的刀""最准的尺""最亮的光"和"奇异的激光"，它的亮度是太阳光的100亿倍。它的原理早在1916年已被著名的物理学家爱因斯坦发现，但要直到1958年激光才被首次成功制造。激光是在有理论准备和生产实践迫切需要的背景下应运而生的，它一问世，就获得了异乎寻常的飞快发展。激光的发展，不仅使古老的光学科学和光学技术获得了新生，而且导致整个一门新兴产业的出现。

**激光技术被应用到军事领域是在**20世纪60年代末期。作为军用技术的应用，激光可分为两大类：一是用激光直接摧毁目标，如激光武器；二是用激光提高现代武器威力或创新军事装备，如激光测距、激光制导、激光雷达、激光通信等。

作为武器，激光有很多独特的优点。首先，它可以用光速传播，每秒可达30万千米，任何一种武器都达不到这样高的速度。它一旦瞄准，几乎不要什么时间就立刻击中目标，根本不需要考虑提前量。另外，它还可以在极小的面积上、在极短的时间内、集中超过核武器100万倍的能量；还能很灵活地改变方向，没有任何放射性污染。

激光武器分为三类：一是致盲型，如机载致盲武器；二是近距离战术型，可用来击落导弹和飞机，1978年美国进行的用激光打陶式反坦克导弹的试验就是用的这类武器；三是远距离战略型，这一类的研制困难最大，但一旦成功，作用也最大，可以反卫星、反洲际弹道导弹，成为最先进的防御武器。

既然激光有这么多重要的功能，那么激光是如何击毁目标的呢？

科学家认为，激光击毁目标的方式有两个方面：一是穿孔，二是层裂。所谓穿孔，就是高功率密度的激光束使靶材表面急剧熔化，进而汽化蒸发，汽化物质向外喷射，反冲力形成冲击波，在靶材上穿一个孔；所谓层裂，就是靶材表面吸收激光能量后，原子被电离，形成等离子体"云"，"云"向外膨胀喷射形成应力波向深处传播。应力波的反射造成靶材被拉断，形成"层裂"破坏。除此以外，等离子体"云"还能辐射紫外线或X光，破坏目标结构和电子元件。

尽管激光武器作用的面积很小，但却能够破坏在目标的关键部位上，因此也能造成目标的毁灭性破坏。这与惊天动地的核武器相比，完全是两种截然不同的风格。

1975年，苏联军队用陆基激光武器试验"反卫星"，顷刻之间就令两颗美国飞抵西伯利亚上空监视苏联导弹发射井的侦察卫星变成了"瞎子"，失去了效力。而这也是有记载的首次试用成功的战例。

1976年，美军使用LTVP—7型坦克载激光炮防空，数秒之内就击落了两架有翼靶机和直升机靶机。

1977年夏，美国一个高能量激光器又首次摧毁了一个飞行中的导弹目标。

1989年2月23日，美海军在新墨西哥州怀特桑兹导弹靶场，用代号"米拉克尔"的中红外高能化学激光器，第一次成功拦截和击毁了一枚快速低飞的巡航导弹。当该弹飞过这个靶场上空时，在其头锥处猝发了一瞬窄光，导弹立即失去了控制而坠落。这表明，将来在军舰上也完全可以装备这种防御武器系统。

大显身手的军用激光器，有着各种各样的用途和不同的类型，它们都将在今后的战场上担任着各自的角色。

在导弹激光制导中，操纵人员直接将激光束对准已发射出去的导弹，通过不断调整激光束方向将导弹导引到所要攻击的目标。激光信号经过编码可用数个指示器分别控制数枚导弹

俄罗斯激光制导炮弹

攻击各自的目标，还可以对来自一个或数个方向相继发射出来的导弹进行制导。

激光制导武器应用于战争是1972年美国在越南战场上首次投下激光制导炸弹开始的，当时，美国飞机用20枚激光制导炸弹，摧毁了17座桥梁，取得意想不到的战果。随后在近20年中，在中东战争、马岛战争、贝卡战争和海湾战争中都普遍投入使用，并发挥了重要作用。

除了以上用途外，激光还可以被用于战场通信。在各种战争中，通信是相当重要的。命令的下达，军队的集结，进攻的发起等，大到各军兵种的配合、协调，小到分队与分队、士兵与士兵之间的联络，没有一处能离开通信的。

最早的通信主要靠人马飞跑传递，举灯燃火为号，此后的通信主要靠有线电话、无线电报、步话机等等。而激光通信不仅速度快，还能抗干扰，不易拦截，能沟通空中、地面和水下，会在海底、地面、大气空间和外层空间构成一整套"立体"交叉激光通信网。

此外，激光还能用于模拟、报警和激光对抗。激光模拟器可以模拟炮弹、火箭或导弹的发射，进行人员实战演习培训，评定射击结果；还可传递敌我双方坦克交战结果的信息。一般采用半导体激光器，可以精确确定目标和模拟炮弹的三维坐标，并可向目标发送射击结果。近几年，我军进行的激光红外军事演习训练已广泛采用激光技术，并已取得成熟经验。

## 横空出世的航天飞机

航天飞机的发明，是世界航天史上的一个重要里程碑，它实现了人类进入太空的梦想。航天飞机是集火箭、卫星和飞机技术特点于一身，既能像火箭那样可以垂直发射进入空间轨道，又能像卫星那样在太空轨道中飞行，还能像飞机一样再入大气层滑翔着陆。可以说，航天飞机是一种新型、多功能的航天飞行器。

航天飞机是一种垂直起飞、水平

"亚特兰蒂斯"号航天飞机发射升空

降落的载人航天器，它是以火箭发动机为动力发射到太空的，并能在轨道上运行，还可以往返于地球表面和近地轨道之间，可部分重复使用的航天器。

航天飞机主要由轨道器、固体燃料助推火箭和外储箱三大部分组成。固体燃料助推火箭共两枚，发射时，它们与轨道器的3台主发动机同时点火。当航天飞机上升到50千米高空时，两枚助推火箭就会停止工作并与轨道器分离，回收后经过修理可重复使用20次。外储箱是一个巨大的壳体，内部装有供轨道器主发动机使用的推进剂。在航天飞机进入地球轨道

之前，主发动机会熄火，外储箱与轨道器分离，从而进入大气层烧毁。外储箱也是航天飞机组件中唯一不能回收的部分。

航天飞机的轨道器是载人的部分。它具有宽大的机舱，并可以根据航天任务的需要分成若干个"房间"。有一个大的货舱，可容纳大型设备。轨道器中可以乘载3名职业航天员（如指令长或机长、驾驶员、任务专家等）和4名其他乘员（非职业航天员）。舱内的大气为氮氧混合气体。航天飞机在太空轨道完成飞行任务后，轨道器会下降返航，如同一架滑翔机一样，在预定的跑道上水平着

陆。轨道器也能重复使用，一般可重复用100次左右。

作为往返于地球与外层空间的交通工具，航天飞机结合了飞机与航天器的特性，像有翅膀的太空船，外形又像飞机。航天飞机的翼在回到地球时，会提供空气煞车作用，以及在降跑道时提供升力。航天飞机升入太空时，与其他单次使用的载具一样，是用火箭动力垂直升入。因为机翼的关系，航天飞机的酬载比例较低。

1969年4月，美国宇航局提出建造一种可重复使用的航天运载工具的计划。1972年1月，美国正式把研制航天飞机空间运输系统列入计划，确定了航天飞机的设计方案，即由可回收重复使用的固体火箭助推器、不回收的两个外挂燃料储箱和可多次使用的轨道器三部分组成。

1977年2月，美国研制出了一架"创业"号航天飞机轨道器，由波音747飞机驮着进行了机载试验。1977年6月18日，首次载人用飞机背上天空试飞，参加试飞的是宇航员海斯和富勒顿两人。8月12日，载人在飞机上飞行试验圆满完成。又经过四年，第一架载人航天飞机终于出现在太空舞台，这是航天技术发展史上的又一个里程碑。

虽然世界上有许多国家都在对航天飞机进行研发，但只有美国与苏联成功地发射并回收过这种交通工具。然而由于苏联瓦解，相关的设备由哈萨克接收后，受限于没有足够经费维持运作，使得整个太空计划停滞。因此，全世界仅有美国的航天飞机机队可以实际使用并执行飞行任务。

1981年4月12日，在卡纳维拉尔角肯尼迪航天中心聚集着上百万人，参观第一架航天飞机"哥伦比亚号"航天飞机发射，宇航员是翰·杨和克里平。两天后，航天飞机安全返回。这也揭开了航天史上新的一页。

这架航天飞机总长约56米，翼展约24米，起飞重量约2040吨，起飞总推力达2800吨，最大有效载荷29.5吨。它的核心部分轨道器长37.2米，大体上与一架DC—9客机大小相仿。每次飞行最多可载8名宇航员，飞行时间7～30天，轨道器可重复使用100次。

从1981年至1993年底，美国一共有5架航天飞机进行了59次飞行，其中"哥伦比亚号"航天飞机飞行15次，"挑战者号"飞行10次，"发现号"飞行17次，"亚特兰蒂斯号"飞行12次，"奋进号"飞行5次。每次载宇航员2～8名，飞行时间2～14天。在这12年中，有301人次参加了航天飞机的飞行，其中包括18名女宇

美国"奋进"号航天飞机

航员。在这59次飞行中，航天人员共在太空施放卫星50多颗，载两座空间站到太空轨道，发射了3个宇宙探测器，1个空间望远镜和1个γ射线探测器，进行了卫星空间回收和空间修理，开展了一系列科学实验活动，取得了丰硕的探测实验成果。

进入21世纪后，美国航天事业发展迅速。2003年，美国又一次发射了"哥伦比亚"号。然而在返回地面过程中，航天飞机突然在空中解体，7名宇航员全部罹难。

2005年8月9日，美国"发现"号航天飞机在美国加利福尼亚州的爱德华兹空军基地安全降落，结束了长达14天的太空之旅。这是自"哥伦比亚"号航天飞机失事后，美国航天飞机首次顺利地重返太空，并且平安回家。

2006年，"发现"号航天飞机在佛罗里达州肯尼迪航天中心成功着陆。此次"发现"号顺利完成国际空间站维修和建设任务，并为国际空间站送去1名宇航员。

2009年5月11日，美国"亚特兰蒂斯"号航天飞机从佛罗里达州肯尼迪航天中心发射升空，机上7名宇航员将对哈勃太空望远镜进行最后一次维护。24日，"亚特兰蒂斯"号航天飞机载着7名宇航员安全降落，并圆满完成了对哈勃太空望远镜最后一次维护的飞行任务。

2009年7月15日，美国"奋进"号航天飞机从佛罗里达州肯尼迪航天中心成功升空，启程前往国际空间站日本舱安装最后一个组件。

## 坦克的克星——导弹

导弹是依靠自身动力装置推进，由制导系统控制飞行，并自动引导弹头飞向目标的武器。导弹问世后，驰骋沙场，在战争中显示着巨大的威力。

1944年9月6日傍晚，正忙着准备晚餐的伦敦居民突然听到空中传来像钢锯划铁皮似的、刺耳的呼啸声，使人毛骨悚然。紧接着，在市中心的契济克地区传出了令人心惊肉跳的爆炸声。

这不可能是德国大炮送过来的炮弹，因为，德国人远在欧洲大陆，离此有数百千米之遥。这也不像是V-1飞弹，因为它的爆炸声比V-1大多了。况且，也没听见空袭警报啊，每次V-1来袭时，总是要响警报的。V-1飞弹是德国人在1943年1月研制成功的，兴高采烈的德军给了这类新式武器一个吉祥的代号——V型，表示着"胜利"的意思。

这便是大名鼎鼎的V-2导弹在第二次世界大战中初次亮相时的情景。

V-2的诞生比V-1还早。它是由德国火箭专家冯·布劳恩发明的。

1930年，年仅18岁的布劳恩正就读于柏林理工学院，他对液体燃料火箭产生了浓厚的兴趣，并成为著名的火箭专家奥伯特教授的一名助手，协助他试验液体燃料火箭。1934年，布劳恩获得了柏林大学的物理学博士学位，他提交了名为《对300和660磅推力火箭发动机的理论研究和试验》的博士论文。

1934年12月，在柏林郊外的火箭发射场，年轻的布劳恩博士主持的液体火箭研究小组成功地发射了两枚A-2火箭。这两枚火箭破纪录地到达了2.4千米的高处。1936年，布劳恩小组的研究上了一个新的台阶：他们成功地发射了A-3火箭，其射程达到了17.6千米。1939年是他研究生涯中最为重要的一个台阶。27岁的布劳恩被任命为德国火箭研究所技术部主任，被派到佩内明德主持新式火箭武器的研究工作。

在佩内明德，布劳恩遇到的最棘手的问题是怎样才能提高火箭升空高度。因为，作为新式武器载体的火箭，要求有尽量高的升空高度，这样才能使它冲到大气层外空气极其稀薄的空间，在极小的阻力下向目的地飞

冯·布劳恩与V-2导弹

氧都由氧化剂提供。燃料和氧化剂合在一起，就是火箭发动机的推进剂。这样的推进剂甚至可在真空中燃烧，产生出高温气体，经喷管高速排出后，以极强的反作用力推动火箭飞行。

1942年1月，装填有新式火箭推进剂的A-4火箭试飞成功，它的速度已接近2千米/秒，最大飞行高度为96千米，这已完全符合作战要求了。由于火箭发动机的推力很大，所以竟可以带上重达1000千克的TNT炸药升空，武器威力可想而知。为了保证它的命中精确度，德国人为它安装了自动控制设备。德国人给这种新式武器编的代号为"V-2"。1942年10月3日，V-2飞弹进行了第一次试飞。

后来的武器专家将采用火箭发动机的V-2飞弹称为弹道式导弹，将采用涡轮喷气发动机的V-1飞弹称为飞航式导弹。

1973年10月8日，第四次中东战争开始后不久，以色列人迅速投入了他们精锐的坦克部队——190装甲旅，想借以挽回不利的战争形势。190装甲旅不负重托，当天就遏制了埃军的攻势，取得了战果。

10月9日一早，190装甲旅的钢铁甲虫又轰叫起来，沿公路成"一"字长蛇形快速向前推进，想继续扩

去，以争取有超远射程。但是，火箭中的液体燃料燃烧时，是要消耗大量氧气的，而在高空，空气稀薄，会大大影响燃料的燃烧，使火箭发动机无法正常工作，甚至熄火。

后来布劳恩在火箭的燃料舱中装进去了燃料——酒精、煤油或液态氢，又装进去了帮助燃烧的氧化剂——液态氧。燃料燃烧所需要的

**美国"阿利伯克"级驱逐舰发射"战斧"巡航导弹**

大战果,支援尚处于不利地位的友邻部队。当最后一辆以色列坦克驶进埃及部队埋伏圈后,随着埃及第2步兵师指挥官的"开火"命令,"嗖、嗖",一枚枚怪模怪样的炸弹从埃及战士肩上扛着的一种轻型武器中发了出去。这炸弹的弹体又粗又短,呈流线型,尾部还装有弹翼,尾巴上拖有一根长长的导线。奇怪的炸弹直向以色列坦克飞去,在坦克的钢甲上爆响,闪出青灰色的亮光,使坦克起火燃烧。

更奇怪的是,这炸弹像长了眼睛似的,会紧紧盯住坦克不放。明明坦克已经作了机动规避,眼看要躲开

了,炸弹却在空中转过一个角度,又咬了上去。转眼间,坦克便全都趴下了。在3分钟内,以色列坦克便全被炸毁,第190装甲旅的番号从此不复存在。

这长了眼睛的奇怪的炸弹便是反坦克导弹。

第二次世界大战后,一些国家对反坦克导弹表示了极大的关注。埃及人使用的反坦克导弹"萨格尔"属于反坦克弹中的第一代,是苏联武器专家在20世纪50年代的发明成果。

第二代反坦克导弹是20世纪60年代发明出来的。它采用红外线进行半自动控制。导弹发射后,射手只要把

**肩扛式反坦克导弹**

瞄准镜内的十字线对准目标，导弹就会按照设在地面上的仪器发出的指令飞向目标，命中率大大超过第一代，可达90%以上，也减轻了射手操作的疲劳。不过，这类导弹还离不开长尾巴导线的帮助，得依靠它传递控制信号。

20世纪80年代诞生的第三代反坦克导弹更为先进，自动化程度大为提高，有电视制导、波束制导和激光制导等制导方式。例如美国的"地狱之火"导弹，在发射前，用一个激光照射器照射坦克，导弹头部的激光接收器在接到坦克反射回来的激光后，便能引导导弹命中目标。

## 会移动的岛屿——航空母舰

航空母舰是一种载有各种作战飞机并提供海上起降活动基地的大型军舰，它攻防兼备，作战能力强，能执行多种战役战术任务，极具威慑力，因而倍受世界各国海军的器重。现代航空母舰及舰载机已成为高科技密集的军事系统工程。不少专家认为，航空母舰已成为一个国家军事、工业、科技水平与综合国力的象征。

1909年，法国著名发明家克雷曼·阿德在《军事飞行》一书中，第一次描述了飞机与军舰结合的梦想。阿德提出了航空母舰的基本概念和建造航空母舰的初步设想，第一次提出了"航空母舰"这一概念。1916年，英国的战舰设计师提出了研制可在军舰上起降飞机的航空母舰的问题，并建议把陆基飞机直接用到航空母舰上去。此后，英国的舰船设计师们对战舰的结构进行了重大修改，研制成功世界上第一艘全通甲板的航母——"百眼巨人"号。"百眼巨人"号具备了现代航空母舰所具有的最基本的特征和形状。它的诞生，标志着世界海上力量发生了从制海权到制海与制空相结合的一次革命性变化。

航空母舰上一般搭载有战斗机、攻击机、反潜机、预警机、侦察机、电子干扰机、加油机及直升机等多种飞行器。为了对付各种威胁，有的航空母舰上还分别装备各种导弹及水中兵器等。与陆地机场相比，现代航

美国航空母舰"尼米兹"级"约翰·斯坦尼斯"号核动力航母

空母舰上的飞行甲板仍显得十分窄短。为了解决飞机的起降问题而专门设有斜角甲板、升降机、弹射器、助降装置、拦阻索五大"法宝"。由于航空母舰往往担负着战区的任务，这就要求航空母舰能够在海上长时间航行。核动力航空母舰续航力高达40万～100万海里，而常规动力航空母舰续航力一般在1万海里左右。航空母舰由于目标大，较易遭敌方攻击，因此通常总在巡洋舰、驱逐舰、护卫舰和攻击潜艇等舰艇的护卫下组成航空母舰编队共同行动。

为了保障飞机能安全降落，航空母舰上均有舰载机拦阻装置。舰载机拦阻装置是航空母舰上吸收着舰飞机的前冲能量，以缩短其滑行距离的装置，由拦阻索、拦阻网及其拦阻机、缓冲器、控制系统等构成。拦阻索用于飞机正常着舰，是用钢索横拦于斜角飞行甲板上，与着舰方向垂直，每隔10余米设一道，共设4～6道。飞机接近母舰时，放下尾钩，钩住任何一道拦阻索，在飞机惯力作用下拦阻索被拖出，飞机逐渐减速，滑行50～95米后刹车停住。应急着舰时使用拦阻网。当飞机尾钩损坏或因故障放不下，又不能复飞时，则需临时架设拦阻网将飞机阻拦在甲板上。

航空母舰的分类方法有多种：

按照排水量可分为大型航空母舰、中型航空母舰和小型航空母舰；按战斗使命分为攻击航空母舰、反潜航空母舰、护航航空母舰和多用途航空母舰；按动力可分为核动力航空母舰和常规动力航空母舰。

航空母舰作战包括陆、海（在海上还可分水上和水下）、空三个层次。在现代战争中，它的作用概括起来主要有如下几个方面：夺取制海权和制空权；袭击岸上目标（包括战略目标），主要是攻击沿海和内陆的城市、交通要道和枢纽、军事设施，消灭敌潜艇和水面舰艇，而搜索和消灭敌弹道导弹核潜艇，则是一项极其重要的作战任务；支援登陆作战和地面作战；封锁海峡、基地和港口；保护自己的海上交通线。保护己方弹道导弹核潜艇，也是航空母舰的重要任务。

# 水下勇士——潜水艇

潜水艇是一种水下战斗舰。它能神出鬼没地远离基地独立作战。它能突然打击舰船，切断敌人运输线，还能钻到敌方海域港口侦察和布放水雷，是海战中的主力。

海底遨游、“龙宫”探密很久以来便是人们美好的愿望。1620年，荷兰物理学家科尼利斯·德雷布尔在英国建成第一艘潜水船。这艘船用木质做骨架，外面包了层牛皮，船内装有很多羊皮囊。只要一只只打开皮囊，让海水流入，船身就开始下潜，一旦挤出皮囊中的海水，船身就上浮到海面。这艘潜水船取名叫“隐蔽鳗鱼”号，实际上是靠人力摇桨前进，不具备实战价值，还不能叫潜艇。但它证明了水下航行的可能性。

美国人布什内尔是第一艘能作战的潜艇的发明人。1775年美国独立战争爆发，第二年英国殖民军的舰队就开到纽约城下。布什内尔就去找起义军首领，把自己制造潜艇从水下攻击英国军舰的方案说了出来。他的方案当即受到重视。第一艘潜艇“海龟”号诞生了。

19世纪60年代美国南北战争期间，蒸汽机推进的潜艇问世，揭开了潜艇作战的序幕。1863年12月5日夜，南军潜艇“大卫”号在查理士港外用长杆鱼雷击伤了北军的“克伦威尔”号铁甲舰，这是潜艇击伤敌舰的首次战例。

1893年，第一艘用电池为动力的潜艇诞生在法国。4年后，美国新泽西州造出了一艘以汽油机为水面航行动力，以蓄电池电力推动在水下航行

**潜水艇结构图**

的潜艇。它成了现代潜艇的鼻祖。

这艘潜艇以发明人霍兰之名命名，长15.84米，宽3.05米，排水量70吨，水面汽油机动力50马力，并装有一具艇首鱼雷发射管，携带3枚鱼雷，首尾各置一门机关炮。另一名美国潜艇设计师西蒙·莱克，也研制出一艘双层艇壳的潜艇，用潜艇本身动力系统，从诺福克航行到纽约，首次开创潜艇远航纪录。到20世纪初，世界科学技术更发展了，潜艇也就更成熟，战斗力也更强了。到第一次世界大战前夕，各国总共有260艘潜艇。一个潜艇参与作战的时代，就这样揭开了序幕。

潜水艇工作的原理其实很简单。潜艇发明家从鱼那里得到了启发，发现鱼是靠体内的鱼鳔来控制沉浮的。鱼在水中的浮力是鱼的身体所排开的海水体积和海水比重的乘积，而海水比重是随着水压变化而变化的。大海越深，海水的压力就越大，比重也越大。为了适应这种变化，鱼鳔就起到调节鱼体比重的作用。鱼要上浮时，鱼鳔就膨胀，体积变大，鱼体比重相应变小，当鱼体比重小于海水比重时，鱼就浮出水面了。当鱼鳔压缩时，体积就小，鱼体比重相对增加，鱼体比重大于海水比重，鱼就下潜了。鱼体比重和海水比重相等时，鱼就停留在水中。

科学家们把鱼体上浮下潜的奥秘应用到潜艇的制造上来。要使舰船上浮下沉，关键就在控制浮力。人们把潜艇的壳体做成双层。外壳是非耐压壳体，里面是固壳，是用耐压钢材焊接而成。这两层壳体之间就是浮力舱，它好比是鱼体内的鳔。当浮力舱注水时，艇体重量增加，超过海水比重，潜艇就下沉了。浮力舱排水充气，艇体浮力增加，比重小于海水，潜艇就浮了上来。潜艇上的升降舵、推进器，就像鱼的胸鳍和尾鳍，保持了潜艇在水中的各种状态。

潜艇上的浮力舱又叫压载舱，由许多舱室组成，以舱室注水多少来控制潜艇下潜的潜深度。如要速潜时，便打开所有浮力舱的阀门，同时往里注水，潜艇就很快地下沉了。

潜艇有装在艇首的水平舵和装在艇尾的艉水平舵两个舵。当潜艇下潜时，首舵向下倾，而艉舵则向上翘，这样艇首朝下，潜艇便下潜；潜艇上浮时，首舵向上翘，艉舵向下倾，这样艇首就朝上，潜艇便浮了上来。潜艇水平舵的原理，跟鱼体上的胸腹鳍和尾鳍道理是一样的。

常规潜艇的动力有两种。在水面航行时，靠柴油机作动力。当潜艇在水下航行时，由于它与水面的空气完全隔绝，这时的动力主要靠蓄电池来提供电动机的电源。所以，潜艇上装有数百块电池，分成组，藏在底层舱里。当电池快要用完时，潜艇就得浮出水面，改用柴油机作动力，同时给电池充电，为下一次水下航行准备。由此，不难看出，因为受到电池电能的限制。常规潜艇一个最大的弱点就是不能长时间在水下航行。

1945年，世界上有了核武器。美国有位科学家在报告中预言：原子能有可能成为驱动舰船汽轮机的动力。美国海军机电部的工程师里克弗上校得知后非常兴奋。他想，原子能燃烧时不要空气助燃，潜水艇上如果用它代替柴油机，这样潜艇在水下逗留时间就不受限制了，那个最易暴露目标的通气管不就可以取掉了吗？第二天一早，他兴致勃勃地去找原子能专家交谈。探讨自己想法的可能性。1945年的10月，他给美国国防部作战部长和海军部长写信，建议试制船用核动力。

1946年，国防部批准了里克弗上校的建议，并成立了专门研制核潜艇的小组。从此，科学家在他的领导下，以惊人毅力和巨大热情投入这项创造性的工作。

原子弹利用原子核反应瞬间放出的巨大能量，对目标起杀伤破坏作用。原子弹爆炸时，在裂变反应区里的温度高达几万度，压力高达几百万个大气压。原子反应堆裂变产生的热量，和中子撞击核子的速度，都需要人工进行控制和调节；而且裂变要连锁不能中断；放出来有害生物的射线，更要设置保护层以防伤害人体；而裂变产生的热能要把它引导出来推动汽轮机，转动推进器。里克弗面对诸多难题毫不退缩，他集思广益，终

"鹦鹉螺"号核潜艇

于第一台潜艇用的原子反应堆研制成功了，而其耗时仅短短四年。

"鹦鹉螺"号是由美国海军准将海曼·里克弗领导的美国原子能委员会海军分部和美国通用动力公司研制出的第一艘核潜艇，历时一年半，花费了3000万美元。它长约97米，能载95名船员，体积比以前的潜艇显得庞大；它的航速为20节（国际通用的航海速度单位，1节=1海里/小时），比以前的潜艇高出一倍。但它最为重大的改进是采用了艇上的反应堆作为动力系统，不需要空气进行动作；它的铀燃料可维持数年，因此这种新型的潜艇仅仅在非常偶然的情况下才会浮出水面。

1955年1月，在通过了初期测试之后，这艘核动力潜艇驶出新伦敦港，开始了它的处女航。它在水下以平均16节的时速连续航行了1381海里到达波多黎各，创下了当时潜艇的时速和距离两大新纪录。三年后，潜艇指挥官安德森驾驶"鹦鹉螺"号又创下了另一个世界第一：这艘核动力潜艇在约10米厚的冰下，从阿拉斯加的巴罗角盲航到达北极下面的格陵兰海。在最初的四年半里，它总共航行了15万海里，其中水下航行11万海里，其间只添加过两次燃料。

核潜艇反应堆体积大，吨位重，因此它的排水量大，最小也有3000

吨。它的潜水深度一般都在300米左右，各方面都优于常规潜艇。美国第一代核潜艇的攻击能力比常规潜艇大大地提高了。艇首装有6具鱼雷发射管，艇尾还有2具。

科学家们把最先进的声呐、通信设备和电脑系统应用到核潜艇上来，使它们成为航速快、潜水深、威力大、耳目灵的水下杀手。

导弹是战争的主要攻击武器。美国科学家集中力量，突破了水下发射导弹的难题，在第四代"鲟鱼"级潜艇上，安装了水面和水下都能发射的导弹武器。接着又成功地从鱼雷发射管里发射导弹。

美国兵器专家又集中力量研究从核潜艇上发射巡航导弹和弹道导弹。做到一箭多弹头，每个弹头都带核战斗部，只需一艘核潜艇，就具备足以摧毁敌国的核基地和大城市的威力。

由于核潜艇具有显而易见的优越性，各国都纷纷致力于这种真正的潜艇的研制和发展。几十年来，核潜艇在性能、装备等方面又有了新的变化。这种能在水下长期隐蔽而不被发现的攻击型战略核潜艇，已经构成当今几个主要核大国保持战略核威慑能力的重要组成部分。

## 顺风耳——雷达

雷达是利用极短的无线电波进行探测的装置。无线电波传播时遇到障碍物就能反射回来，雷达就根据这个原理，把无线电波发射出去再用接收装置接收反射回来的无线电波，这样就可以测定目标的方向、距离、大小等，接收的电波反映在指示器上可以得到探测目标的影像。

1919年，英国科学家沃森·瓦特发明了第一个雷达装置。瓦特从声音传播的回声中得到启示，他认为电磁波传送出去以后，遇到障碍必定有反射回来的可能性，如果发明一种既能够发射电磁波，又能够接受反射波的装置，就可以在很远的距离上探测到飞机的行动。1935年，他研制成功新式飞机探测雷达装置GH系统。1938年，GH系统正式投入使用，部署在英国的泰晤士河口附近。这个系统对飞机的探测距离达250千米。到1939年为止，一些国家秘密发展起来的雷达技术已达到了完全实用的阶段。这项发明在"二战"中显示出了它的巨大作用，雷达从此成为远距离军事探测的重要装备。

雷达的种类繁多，分类的方法

**军事雷达**

也非常复杂。作为武器系统的重要装备，有：远程预警雷达、警戒雷达、导航雷达、炮瞄雷达、导弹制导雷达、机载截击雷达、火控雷达、侦察雷达、敌我识别雷达，等等；根据其技术特征可分为：波束扫描雷达、单脉冲雷达、相控阵雷达、连续波雷达、脉冲多普勒雷达、电控相扫描雷达、超视距雷达、坐标雷达、测高雷达、测速雷达、多基地雷达、被动式多基地雷达，等等；民事用途的雷达有：无线电测高雷达、气象雷达、航管雷达、引导雷达，等等。

雷达的优点是白天黑夜均能探测远距离的目标，且不受雾、云和雨的阻挡，具有全天候、全天时的特点，并有一定的穿透能力。因此，它成为军事上必不可少的电子装备。现在，雷达广泛应用于社会经济发展（如气象预报、民航管制、资源探测、航海、环境监测等）和科学研究（天体研究、大气物理、电离层结构研究等）。面对日益拥挤的天空，拥有精密的雷达监控系统至关重要。

# 水下耳目——声呐

1490年，意大利的科学家达·芬奇，把一根管子放到水中，另一头放到耳朵上。他惊奇地发现，能听到很远的船航行螺旋桨击水声。这可以说是原始声呐的诞生。

1827年，瑞士物理学家柯拉顿和德国数学家斯特模为了测出水中的声速，在日内瓦的湖上，把一只大钟放在水下，人工进行敲击，然后测出声音在水下传递的速度。科学家们在试验中惊奇地发现，声音在水中传播的速度居然达到每小时5500千米，要比声音在空气中的速度快4倍，4个小时就可以跨过太平洋。科学家们还发现，声音在海洋里前进时，一路上要被海水"蚕食"，在遇到海洋中的物体和海底时，声波还会反射回来，此时也被"吞掉"了很多声波。不同频率的声波，在海水中被吸收和反射的程度也不相同。每秒振动在2万次以上的超声波，极容易被海水所吸收。但它有个特点，其能量集中，能朝一个方向前进，反射回来的声波也比较强烈。科学家们认为，如果这种超声波在海里传递，遇上潜艇，就会有强烈的回波，这样不就可以捕捉住潜艇

了吗？

1880年，英国科学家比埃尔·居里找到一种天然的压电晶体，制造出换能器，实现了电、声信号的转换。将电波变成声波，在海里发射，遇到物体后，声波反射回来，换能器又把声波变成电波，在特制的仪器上显示出来。第一架声呐就这样制造出来了。

后来科学家们又发现，根据发射出超声波信号到接收回波所需时间，就可以准确地测出与目标的距离或者海底的深度。许多科学家开始了这方面的研究。1915年，法国物理学家保罗·郎之万等人提出利用声波探测法，并在巴黎开始了这项研究。1916年，郎之万成功地研制成一个装置，能很快探测到水中100米外的钢板发出来的声波。世界上第一个无源声呐就这样诞生了。但这种无源声呐只能被动地接受水下物体发出的声波并对其进行测量，而不能主动地对水下无声目标进行搜寻和测量。

如何才能用一种有效的方法发出声波脉冲信号并接受从水卜物体反射回的声波，同时将这个水下物体的位置准确计算出来呢？郎之万想起了比埃尔·居里等人许多年前发现的压电效应。于是郎之万开始进行利用石英板做声呐装置的研究工作。不久，

英国皇家海军的波意尔教授接替了郎之万的工作。英国军方更是对这项研究采取了严格的保密措施，还为这项研究取了一个代号"阿斯迪克"。很快，一种既能发射声波又能接收声波的有源声呐系统的研究取得了成功。1918年底，波意尔教授领导的英国皇家海军研究小组正式在军舰上安装、实验他们的声呐装置。世界上第一个探测水下目标的有源声呐装置就这样问世了。

有了声呐和雷达，军舰就好比装上了"千里眼"和"顺风耳"，对付和搜索潜艇就有办法了。太平洋战争爆发后，美国人的潜艇利用声呐原理，制成了"探雷器"装在潜艇上，穿过了日本人的层层水雷封锁线，钻进日本海向日本舰船发起突然袭击。美国的军港和海岸，在航道口都装上了声呐，使得许多日本潜艇一钻进来，就遭到美国军舰或飞机的攻击。德国人的潜艇"狼群"战术，称王称霸一时，但当英国人有了声呐后，这些"水下狼群"便一只只被盯上，被深水炸弹炸得粉身碎骨，葬身于海底。

科学发展是无止境的，为了适应反潜战的需要，科学家们在生物声呐上寻找启发。从20世纪60年代开始，人们发现海豚身上的声呐，是最先进最高超的。

1961年，著名的鲸类专家诺里斯发现，用橡皮蒙住海豚双眼，海豚照样能穿过水下金属组成的"迷宫"，还能准确无误地找到水下的维生素胶丸。可是要是把海豚前额蒙住，海豚在水下就变得乱撞一气了。可见海豚是用前额发出声波来捕捉目标的。科学家解剖发现，海豚前额有个瓜状脂肪体，它像一个声透镜那样起聚焦作用，把声波聚成声束辐射出去。"瓜"状体还可以改变形状以控制发出不同幅度的声束；甚至可以在向前发射主体声束的同时，又可向90°方向发射一小支声束；它还可以随意改变每秒钟发射的脉冲数，最多时可达150千赫。

科学家们反复研究和实验，发现海豚有两架"声波发射机"。距离目标远时，它就发射低声，利用低声传播远的特点进行探测。当离目标近时，它就改发超声以提高分辨率。它好比用一架"发射机"发射通信用的"哨音"，另一架"发射机"则发出定位用的"滴答"声。

那么海豚的"声波接收机"又装在哪里呢？科学家发现海豚耳朵不大起作用，"声波接收机"是在下颌骨里。下颌骨中空壁有一层薄膜，中间充满了脂肪，一直向后延伸到耳骨，并将其包围，从而形成一个独特的声波导管。同时，耳骨周围的组织又对这个波导管和头骨、上颌骨进行了有效的隔声，使得海豚接收声波有着良好的方向性。据科学家探测，海豚经下颌骨接受的声音，比通过耳朵多5倍。到达海豚下颌骨的回波角度为30°~90°，这时声波传导率最高。科学家还发现，海豚在接近猎物时有摇头的习惯，这是它在调整回波角度，是为了听得更准确。科学家还发现，海豚也有两部"声波接收机"，对两种不同频率的声波很敏感：一种是用于回声定位的高频超声波；另一种是用于通信的频率低的声波。

海豚奇妙高超的声呐之谜，被科学家揭开了。美国的水声专家据此立即研制出军用的高级声呐。目前已研制出一种多波束回声探测仪，采用两套相同的水听器发射阵，每套能发射11个波束，每束宽5°，从而改变了普通测深仪只能发射一种声波的状况，大大提高了效率。

科学家们还从海豚高速游泳中听觉不受水流噪声影响受到启发，寻根究底，发现海豚声呐外装有特制的导流罩，极大地提高了声呐抗干扰的能力。起初，第二次世界大战中发明的声呐，只能在静止时才听得到远处目标的噪声，当军舰航行时，特别是

高速，噪音很大，将目标的噪音给淹没了，就再也听不到目标的噪音了。有了声呐导流罩，这个问题便得到解决，即使军舰开高速也能排除自身的噪音，去发现水下的潜艇。

科学家从海豚身上受到启发，使声呐作用有了很大提高，因而"水下的耳目"变得更加灵敏了。

声呐是一个大家族，在军队服务的主要有四种：水面舰艇声呐，它的主要任务是反潜，探听有没有潜水艇进攻，它的探测距离不同，近一点的达到5海里，最大的探测距离达到120海里；潜艇上服务声呐，它主要探测水下目标和水面目标，探听周围有没有别的潜艇存在以及水面上有没有敌人的舰船，同时它还为鱼雷提供导航；机载声呐，在反潜巡逻机和反潜直升机上服务，它有一个很长的尾巴连着，搜集水里的情报；固定声呐，在固定的位置上站岗放哨，它在海底或是漂浮在海面，侦查敌人的潜艇，保卫国家的海防，藏在海底的声呐隐蔽性非常好，能够长时间地工作。

声呐本身是靠收集声音侦查水下目标的，靠声音侦查也有一个不足之处，携带声呐的船只自己也要发出声音，为了使自己的船员发出的声音不干扰声呐的工作，潜艇、舰船都把声

呐安放在声音比较小的部位。要避开螺旋桨、发动机这些地方，潜艇用的声呐一般要放在顶部。舰艇携带的声呐，有一种叫做拖拽声呐，用一根绳索拉着声呐，离开船尾10~100米的距离，这样防止声呐受舰船本身声音的干扰。

随着现代电子计算机技术的广泛应用，声呐技术也取得了进一步的发展，在测量精度和速度上达到了新的水平。

## 水底伏兵——水雷

三百多年前，中国人最早发明了水雷。

明朝嘉靖年间，为了抵御外来的倭寇，中国人发明了"水底雷"。"水底雷"实际上是一只密封的用油纸、油布包裹的大木箱，箱里装着黑色火药，箱底下拖了根铁锚，使箱子能隐蔽地固定在水中一定深度。人们把这个新奇玩意儿布设在倭寇经常登陆的海湾中，用一根绳索一直伸到岸上。当岸上的守军看到敌船靠近"水底雷"的时候，就拉动绳子操纵击发装置发火，起爆"水底雷"。

在水雷发明二百多年后，远在地球另一端的北美洲人才又掀开了水雷发明史上新的一页。

1778年1月，美国独立战争正打得热火朝天。此时，北美洲民兵正在各处与英国军队作战。

一天，一艘正在田纳西河中逆流而上的英国军舰遇上了一桩怪事。船头上的哨兵发现上游漂来一只啤酒桶。

舰长大感意外，让士兵将其捞上来。

边上还有根小棍子，一个水兵便去拨弄那根棍子……

突然，船长只听得一声巨响，然后便被震下了舰桥。等他跌落到硝烟弥漫的甲板上时，才意识到是那只啤酒桶发生了爆炸。北美民兵将火药装在啤酒桶里，外面装上小棍子，里面连接着弹簧发火装置。然后让它沿河往下漂，如有军舰碰上了，触动了桶上的小棍子，就会引起爆炸。

英国人一下子死伤了二十多人，以后看见啤酒桶就退避三舍了。

从现代武器观来看，中国人的水底雷是原始的"视发锚雷"，就是用锚固定在水中，在人眼所见的范围内控制发火的水雷；北美人的啤酒桶则是"触发漂雷"的雏形，即漂浮在水面上，靠触发引信引爆的水雷。

从此之后，水雷的发展速度明显加快，水雷发明史不断地被刷新了。

锚—1水雷
（中国造）

The Chinese Anchor-1 Mine

**老式水雷**

1807年8月17日，在美国纽约市的哈得逊河上，蒸汽船"克莱蒙特号"首航成功，人们欢呼蒸汽船制造者富尔敦的天才发明。

富尔敦并未陶醉在这欢呼声中。不久，他就投入了新式水雷的发明中。

富尔敦看到，早期的水雷多是漂雷，这种雷最大缺点是飘忽不定，有时会出现要它去的地方不去，不该去的地方偏要去的尴尬事，弄得不好还会炸了自己人。而且，它浮在水面上也太显眼了，硕大一个铁蛋漂在海面上，谁会傻得上门送死。

富尔敦想，得让水雷没到水里去，还要让它能固定在某一个地方，不能随便乱跑。而且，还应该使水雷固定在离海面不远的一定深度，这样才能达到炸船的目的。

依照这些想法，富尔敦开始构思他的发明。只要在水雷上附着一个重物就可以让水雷没到水里去。而让它固定在一个地方，只需要配上一个固定船只那样的铁锚，或者将那附着的重物做得笨重一些就可以了。固定在海面下一定深度，虽有点麻烦，但也能设法解决：如能将水雷设计成像漂雷那样能浮起的，再在水雷下部系一绳索与附着的重物相连，只要控制绳索长度，它不就被固定在一定深度了吗？

就这样，一个个技术难题解决了，富尔敦终于发明了一种新式水雷——"自动定深锚雷"。

这种水雷包含雷体和雷锚两部分。雷体是水雷的主体，由半球体和圆柱体结合而成。为了使水雷能浮在水中，雷体的上半部分设计成空的，下部分装炸药，还装有用于引爆的电雷管。在雷体半球形的雷头上，装有5个羊角似的触角，只要其中任何一只触角被舰船碰弯了，装在雷体内的电池和电雷管之间的电路就接通了，水雷就会爆炸。

雷锚则是个笨重的铁车，却有很重要的作用。它既能用来在舰上推动雷体，又能利用装在它上面的定深机构自动控制雷索放出的长度，使水雷浮在水面以下预定的深度上。布雷时，人们将铁车连雷体一起推到水里，铁车与雷体分开，一直沉到水底扎下根来，并坚定不移。

富尔敦还特意给雷体刷上黑油漆，以使没在水下的水雷不易被发现。这样，从船上望下去，海水里几米深处都是黑咕隆咚的一片，谁也不会发现那里藏着一只水雷。

富尔敦的水雷比起中国人的大木箱"水底雷"和北美人的"啤酒桶漂雷"先进不少，真正成为水上作战的一种利器了。

1939年，德国人发明了一种新式水雷。从功能来看，可称为非触发磁性水雷。与传统水雷不同的是，它不是悬浮在一定深度的水中，而是沉在海底，因此扫雷具扫不到它。舰船是钢铁建造的。钢铁是磁性材料，它在地磁场的影响下，会产生一定强度的磁场。这种水雷不需要舰船直接碰撞，只要在一定距离上接受到舰船的磁场信号，就会通过控制仪器使电雷管起爆，引起水雷爆炸。不过，磁性水雷的破坏作用同爆炸距离成反比，距离越远，破坏作用越小。所以，它只能布置在邻近港口的浅海中。磁性水雷没有锚链，布放很方便。既可以用水面舰船布放，也可以在雷尾加装降落伞，用飞机投放。甚至还可以由潜艇通过鱼雷管布放。

1940年，德国又出现了另一种新式水雷——声响水雷，它与磁性水雷一样，也是一种沉底水雷。它的外形也和磁性水雷差不多，可引爆方式完全不同。德国人巧妙地在它的雷尾上装上了一个音波接收器，这东西好比人的耳朵，能探测到敌方舰船发动机和螺旋桨发出的声音。然后，音波接收器将声能转换成电能，用来接通电雷管的电路，从而将水雷引爆。

不久以后，德国军官施纳德在海边漫步，看着熟悉的海生动物，他不由想到，当舰船在水中航行时，船下面的水的流动会比其他地方快一些，船体越大，船速越快，水压的这种变化也越大。那么，能不能制成一种像牡蛎一样对水压变化敏感的水雷，利用这种变化来引爆呢？施纳德赶快回到研究所里去，他使这个构思成为一个方案，最终制得一种新式水雷。这种新式水雷的上部有一个压力接收器，当舰船通过它的上方的时候，它就会感受到水压降低，装在里面的仪器接收到了这个"情报"之后，立即接通电路，使水雷爆炸。因为是从牡蛎那里得到的启发，施纳德便把它叫做了"蚝雷"。

发展到现在，水雷新兵接踵而出，水雷家族阵势庞大。

世界上最先进的水雷是英国研制的"海胆"水雷，它是一种很敏感，又能控制自己的沉底雷。它有控制程序，当舰船行至最合适的位置，它才爆炸。另外，它还有自行检查内部故障的能力，如果在定期检查时发现问题，将会自动失效。这种水雷寿命很长，可达数十年，称得上是一种"长

命水雷"。西方国家正致力于研制一种"自掩埋水雷"，这种沉底雷有抛沙机，电脑控制自动抽吸泥沙掩埋雷身，隐蔽起来，只把探测器像触角一样，露在泥沙外，探雷器、灭雷器很难发现。世界上只有苏联海军装备了核装药水雷，这种水雷攻击目标是航空母舰和大型舰船、核潜艇。它的威力相当于普通水雷的几十倍。

## 隐形飞机的发明

隐形飞机采用多种隐形技术，使对方的雷达、红外传感器等探测系统功能减弱，当其被发现时已措手不及。它问世以后，在战场上逐渐崭露头角，引起人们的关注。

1879年，英国作家威尔斯写了一本科幻小说《隐身人》，小说中主人公服用了一种神奇药水，成了"隐身人"，别人看不见他。

现代武器设计师也想使武器"隐身"，使敌方发现不了，可以隐蔽地攻击敌人目标。隐形武器的设想就这样产生，并开始探索、研制隐形武器。

探索隐形武器的试验，开始于20世纪40年代。1943年，美国著名天文学家杰塞普博士提出一种新奇想法：

**美国F 117"夜鹰"隐形战机**

使军舰"隐身"。美国海军支持这位博士进行军舰隐身试验。

杰塞普博士在海军的一艘驱逐舰上安装了一种磁力发生机，它能产生交变磁场，使军舰上出现一种绿色烟雾。交变磁场越强，绿色烟雾就越浓。试验开始后，军舰周围烟雾弥漫。海面上，用肉眼已看不到军舰，出现了隐形效应。

但是，试验发生了意外，参加试验的人，事后有的进了医院，有的精神失常，有的死去。连杰塞普博士本人也未能摆脱厄运，于1959年4月悄然死去。此后，人们再也不去搞那种"肉眼看不见的隐身"试验。

从20世纪的60年代到80年代，隐形武器的发展尚处于探索阶段，人们从气动力学、数学、电磁学、光学、材料学、信息处理等方面进行研究，探索隐形技术的原理、方法，并进行验证。这样，为隐形武器的研制创造了条件，打下了基础，使得隐形技术有了长足进步。

随着高新技术的发展，第二次世界大战以后，出现了隐身技术，又叫隐形技术。它通过降低兵器装备等目标的信号特征，使其难以被发现，它是传统伪装技术走向高技术化的发展，被军事界称为"王牌技术"。军事上用的隐身技术实际上就是减少目标的观测特征，当对方利用一些探测设备探测时，把大的目标误认为小目标，造成判断错误，所以有时把隐身技术又叫做"低可探测技术"，而不是用肉眼完全看不到的。

有时可以通过改进结构设计，使红外探测设备难以发现，称为红外隐身技术，也可以用吸收红外材料设计武器，武器所发出红外线主要还是它的发动机部分，不管是坦克、车辆、舰艇都是一样的。发动机工作会发出很多热量，辐射红外线较多，因此很容易被红外线侦察发现。针对这种情况可以采取在燃料中加入添加剂，这样在排气中红外线辐射就大大减弱。

另外还可以用改进发动机喷管的办法减少红外线的辐射，也可以用一些吸收热辐射的材料覆盖在飞机或坦克的表面上，使得红外线辐射减少，以上种种都可起到不被红外侦察发现的作用。现代飞机、军舰、导弹等大型兵器上都准备很多雷达、无线电台、电磁干扰设备、导航设备等，电子设备所发射出来的电磁波很容易被敌人截获、识别，因此暴露目标，减少目标的有源电磁波辐射也是隐身技术很重要的方面。

光隐形技术，这是一种使目力与光学观察器材发现不了的隐形技术。其方法是尽量降低飞机、坦克、舰艇

美国F-22猛禽战斗机

等武器与所处环境的颜色、亮度差别，如采用与背景反射光波一致或近似的涂料涂刷表面；采用化学方法消除飞机等飞行器的尾迹；利用地形及能见度不良的自然条件来达到光隐形目的。

此外，还有噪音隐形技术，即减少噪音，使敌方音响观察器材发现不了；电磁辐射隐形技术，即降低武器本身产生的电磁辐射。

上述隐形技术应用于飞机、舰艇、坦克等，便出现一批隐形新武器。自从20世纪80年代以来，这批隐形新武器出现在现代战争舞台，逐渐崭露头角并引起了人们的关注。

美国的王牌战机F-117A隐形战斗机是世界上最早出现的一种隐形飞机。它由美国克希德飞机公司于1978年秘密研制，在1983年10月装备于美国空军。它是美国的主力轰炸机之一，主要用于攻击敌方指挥、控制、通信中心，敌方防空阵地、导弹发射基地等军事目标。

由于采取了雷达隐身技术，红外隐身技术和光隐形技术，F-117A隐形战斗机具有隐形功能，能在夜间突防，为此有"隐身夜鹰"之称。它曾经在海湾战争中出过风头。在多国部队实施的"沙漠风暴"军事行动中，美国的F-117A隐形战斗机打头阵，

它于1991年1月17日凌晨，悄悄地穿越了伊拉克防空网，用激光制导炸弹对伊拉克南部的一个防空指挥中心进行了攻击，打响了海湾战争的第一炮。就在这一天，30架次的F-117A隐形战斗机对伊拉克的80个军事目标进行了攻击，伊拉克首都巴格达也成了它的空袭目标。

从此，"隐身夜鹰"F-114A扬名天下，为世人所瞩目，特别是它在海湾战争创下了连续1300架次战斗出航无一损伤的纪录，使美国引以为豪，成了美国空军的王牌战机。

隐形飞机对雷达的隐形是相对的，在它飞行时发动机的红外辐射、噪音也只是相对减少，而决非完全隐形。现代探测工具还是可以发现隐形飞机的踪迹。同时，F-117A隐形战斗机一旦被对方的飞机、防空导弹盯住就很难脱身。

B-2轰炸机是在B-52轰炸机的基础上发展起来的战略突防轰炸机，具有隐形本领，是当代一种先进的隐形轰炸机，执行战略轰炸任务。

B-2轰炸机最大限度地减少雷达反射面积，它的机翼和机身，按"翼身融合体"原则进行设计，机身和机翼的界面设计得非常光滑，使人分不清机翼、机身的界面。机上的武器、燃料装在机体内。这样，机身上无突

美国B-2隐形轰炸机

出部位。机上的座舱也不像一般飞机那样鼓起，而是让它埋在机身里，以减少雷达反射面积。

同时，B-2隐形轰炸机的机体采用吸波性能好的材料制成，表面蒙皮采用石墨蜂窝状夹层结构，以减少雷达有效反射面积，使雷达发现不了。

为使B-2隐形轰炸机具有红外隐身能力，它的发动机采用背部进气道，以便充分利用机身的屏蔽作用；发动机的排气是通过扁平喷管，从机翼上表面后缘交汇处排出。这样可以减少红外辐射，使飞机具有红外隐身能力。

为使B-2隐形轰炸机具有光隐身能力，它的上表面涂蓝灰色漆，下表面涂黑色漆，使目力及光学观察器材难以发现它。

隐身飞机之所以如此贵重，如此引起关注，原因就在于它对战争形势具有重大的影响。隐身飞机的参

战，使战争的突然性大大增加，突防能力和武器生存能力大大提高，特别是使现代的电子战更加复杂。因此，各国都对飞机的隐身技术格外关注，并且都投入巨大的力量来研制和开发。各种新型的隐形飞机相继问世。

## 比音速还快的飞机

20世纪40年代中期，飞机的动力装置从活塞式发动机向喷气式发动机发展，飞机结构设计得到重大改进。这些，使航空领域产生了一次重大的突破——飞机飞行速度超过音速。

飞机在第二次世界大战的战场上，起着举足轻重的作用，而速度的大小，又直接影响了飞机的战斗能力。当时的战斗机，最大时速在700千米左右。这个速度已经接近活塞式飞机飞行速度的极限。例如美国的P-51D"野马"式战斗机，最大速度每小时765千米，大概是用螺旋桨推进的活塞式战斗机中飞得最快的了。必须增加发动机推力才能进一步提高飞行速度，但是活塞式发动机已经无能为力。

"二战"末期，德国研制成功Me-262和Me-163新型战斗机，投入

了苏德战场作战。这两种都是当时一般人从未见过的喷气式战斗机，前者装有2台涡轮喷气发动机，最大速度870千米／小时，是世界上第一种实战喷气式战斗机。后者装有1台液体燃料火箭发动机，最大速度933千米／小时。

紧接着苏联的米高扬设计局很快研制出了伊-250试验型高速战斗机。它采用复合动力装置，由一台活塞式发动机和一台冲压喷气发动机组成。在高度7000米时，可使飞行速度达到825千米／小时。1945年3月3日，试飞员杰耶夫驾驶伊-250完成了首飞。随后，伊-250很快进行了小批量生产。

同样的复合动力装置也装在了苏霍伊设计局研制出的苏-3试验型截击机上，1945年4月又出现了苏-5，速度达到800千米／小时。另一种型号苏-7，除活塞式发动机，还加装了液体火箭加速器，可在短时间提高飞行速度。拉沃奇金和雅科夫列夫设计的战斗机，也安装了液体火箭加速器。但是，用液体火箭加速器来提高飞行速度的办法并不可靠，其燃料和氧化剂仅够使用几分钟，而且具有腐蚀性的硝酸氧化剂，使用起来也十分麻烦，甚至会发生发动机爆炸事故。在这种情况下，苏联航空界中止了液体火箭加速器在飞机上的使用，全力发展涡轮喷气发动机。

飞机速度的提高依然困难重重。最大的拦路虎便是"音障"问题。所谓音障，是在飞机的速度接近音速时开始产生的，这时飞机受到空气阻力急剧增加，飞机操纵上会产生奇特的反应，严重的还将导致机毁人亡。涡轮喷气发动机的研制成功，冲破了活塞式发动机和螺旋桨给飞机速度带来的限制，但却过不了"音障"这一关。

奥地利物理学家伊·马赫曾在19世纪末期进行过枪弹弹丸的超音速实验，最早发现了扰动源在于超音速气流中产生的波阵面，即马赫波的存在。他还将飞行速度与当地音速的比值定为马赫数，简称M数。M小于1，表示飞行速度小于音速，是亚音速飞行；M数等于1，表示飞行速度与音速相等；M数大于1，表示飞行速度大于音速，是超音速飞行。

声音在空气中传播的速度，受空气温度的影响，数值是有变化的。飞行高度不同，大气温度会随着高度而变化，因此音速也不同。在标准大气压情况下，海平面音速为每小时1227.6千米，在11000米的高空，是每小时1065.6千米，于是科学家采用了马赫数来表达飞行速度接近或超过

德国Me-262喷气式战斗机

当地音速的程度。

各种形状的飞行物体，在速度接近或超过音速时，受力情况怎样？众多的空气动力学家和飞行设计师们集中火力攻克了这个课题。

中国著名空气动力学家、中国科学院院士、北京航空航天大学名誉校长沈元教授，当时在探索从亚音速到超音速的道路上，作出过突出的贡献。

1945年夏天，沈元以博士论文《大马赫数下绕圆柱的可压缩流动的理论探讨》通过了答辩，在伦敦大学接受了博士学位。他的论文用速度图法，证实了高亚音速流动下，圆柱体附近极限线的存在。他从理论上和计算结果上，证实了高亚音速流动下，圆柱体表面附近可能会出现正常流动的局部超音速区。

这就意味着，只有在气流马赫数增加到一定数值时，圆柱体表面某处的流线，才开始出现来回折转的尖点，这时正常流动就不复存在。这一研究结果显示了在绕物体流动（如机翼）的高亚音速气流中，如马赫数不超过某一定值，就可能保持无激波的、含有局部超音速区的跨音速流动。它针对当时高速飞行接近音速时产生激波的问题，从理论上揭示出无激波跨音速绕流的可能性。

沈元的这项研究，第一次从理论计算上，得出高亚音速绕圆柱体流动的流线图，得出它的速度分布，以及在某一临界马赫数以下，流动可以加速到超音速而不致发生激波的可能性。通过这方面的研究，可以掌握高速气流的规律，了解飞机机体、机翼形状和产生激波阻力之间的关系，探索是否可能让飞机在无激波的情况下接近音速，从而为设计新型高速飞机奠定理论基础。这是一项首创性的成果，对当时航空科学在高亚音速和跨音速领域内的发展，起到了一定的推动作用。

面对重重困难，科学家们进行了

无数次的研讨和实验。结果发现，超音速飞机的机体结构同亚音速飞机大有不同：机翼必须薄得多；关键因素是厚弦比，即机翼厚度与翼弦（机翼前缘至后缘的距离）的比率。对超音速飞机来说，厚弦比就很难超过5%，即机翼厚度只有翼弦的1/20或更小，机翼的最大厚度可能只有十几厘米。而亚音速的活塞式飞机的厚弦比大概是17%。

超音速飞机的设计师必须设计出新型机翼。这种机翼的翼展（即机翼两端的距离）不能太大，而是趋向于较宽、较短，翼弦增大。设计师们想出的办法之一，是把超音速机翼做得又薄又短，可以不用后掠角。另一个办法是将机翼做成三角形，前缘的后掠角较大，翼根很长，从机头到机尾同机身相接。

美国对超音速飞机的研究，集中在贝尔X-1型"空中火箭"式超音速火箭动力研究机上。X-1飞机的翼型很薄，没有后掠角。它的动力采用液体火箭发动机。由于飞机上所能携带的火箭燃料数量有限，火箭发动机工作的时间很短，因此不能用X-1飞机自己的动力从跑道上起飞，而需要把它挂在一架B-29型"超级堡垒"重轰炸机的机身下，飞到高空后，再把X-1飞机投放下去。X-1飞机离开轰炸机后，在滑翔飞行中，再开动自己的火箭发动机加速飞行。

1946年12月9日，X-1飞机第一次在空中开动其火箭动力试飞。

1947年10月14日，美国空军的试飞员查尔斯·耶格尔上尉驾驶X-1飞机完成人类航空史上这项创举，耶格尔从而成为世界上第一个飞得比声音更快的人。耶格尔驾驶X-1飞机在12800米的高空，飞行速度达到1078千米/小时。

在人类首次突破"音障"之后，研制超音速飞机的进展就加快了。以美国和苏联为代表，各国在竞创速度纪录方面展开了竞争。

随着第二次世界大战的结束和国际关系的缓和，超音速飞行技术也越来越多地应用于各种非军事性其他方面，如英、法联合研制的"协和"式超音速旅客机，就已经在飞越大西洋的航线上营运了十几年，能以最大巡航速度M2.04飞行。苏联也研制生产了144型超音速旅客机，但由于技术问题，只在航线上飞行了一段时间，便从客运市场上退出。美国、苏联还曾经分别研制出超音速的轰炸机。1997年10月15日，英国设计师研制的超音速汽车，首次实现了陆地行车超过音速的创举。

## VR——"虚拟现实"技术

虚拟现实技术，简称VR技术，又称灵境技术，是以沉浸性、交互性和构想性为基本特征的计算机高级人机界面。它综合利用了计算机图形学、仿真技术、多媒体技术、人工智能技术、计算机网络技术、并行处理技术和多传感器技术，模拟人的视觉、听觉、触觉等感觉器官功能，从而使人能沉浸在计算机生成的虚拟境界中，并能通过语言、手势等自然方式与之进行实时交互，创建出一种适人化的多维信息空间。使用虚拟现实技术的人，不仅能够通过虚拟现实系统感受到在客观物理世界中所经历的"身临其境"的逼真性，还能突破空间、时间及其他客观限制，感受到真实世界中无法亲身经历的体验。

虚拟现实的思想可追溯到1965年萨瑟兰在IFIP会议上的《终极的显示》报告上，而"Virtual Reality"一词是20世纪80年代初，美国VPL公司的创建人之一马尼亚提出来的。他是这样描述这项技术的：虚拟现实通常指人们借助一系列传感辅助设施（如立体眼镜、传感手套等），来实现的一种三维现实。通过这些设施，人们以自然的方式（如头的转动、身体的运动等）向计算机输入各种动作信

X-1试验飞机

飞机突破音障的瞬间

息，并借助视觉、听觉以及触觉设施使自己感应到三维的视觉、听觉及触觉等感觉世界。

虚拟现实系统在若干领域的成功应用，导致了它在20世纪90年代的兴起。虚拟现实是高度发展的计算机技术在各种领域的应用过程中的结晶和反映，不仅包括图形学、图像处理、模式识别、网络技术、并行处理技术、人工智能等高性能计算技术，而且涉及数学、物理、通信，甚至与气象、地理、美学、心理学和社会学等领域相关。

虚拟现实技术早在20世纪70年代，就已经被应用于航天和军事领域了。

在航天飞行训练中，失重测试是一项至关重要的训练。因为在飞行中，宇航员对失重情况下的物体运动难以预测。如果操作失误，就会导致严重后果。因此，在模拟太空环境中进行失重仿真训练，也就成为宇航员的必修课。此时，VR仿真训练技术就派上用场了。

在训练中，宇航员坐在一个模拟的具有"载人操纵飞行器"功能并带有传感装置的椅子上。椅子上有用于在虚拟空间中作直线运动的位移控制器，以及用于绕宇航员重心调节其朝向的旋转控制器。宇航员头戴立体头盔显示器（用于显示望远镜、航天飞机和太空的模型），并用数据手套作为和系统进行交互的工具。训练时，宇航员在望远镜周围即可进行操作，并能通过虚拟手接触操纵杆来抓住需要更换的"模块更换仪"。这样一来，就仿佛在太空中一样。运用这项技术进行培训，不仅节省消耗器材，不受场地、气候条件的限制，安全可靠，而且可以大大提高效率，节省培训费用。

在军事领域中，虚拟现实技术主要应用于"联网军事训练系统"当中。在该系统中，军队被布置在与实际车辆和指挥中心相同的位置，可以看到一个有山、树、云彩、硝烟、道路、建筑物以及由其他部队操纵的车辆的模拟战场。这些由实际人员操作的车辆可以相互射击，系统会利用无线电通信和声音来加强真实感。系统的每个用户都能通过环境视点来观察别人的行动。炮火的显示极为真实，用户可以看到被攻击部队炸毁的情况。这个模拟系统可用来训练坦克、直升机和进行军事演习，以及训练部队之间的协同作战能力等。

而随着计算机技术的发展，虚拟现实技术还进入了建筑、商业、教育甚至家庭中来。

在建筑设计中，建筑师可将图纸变成三维图像的虚拟建筑物，这样人们就可进入未来的建筑物中去体验环境、修改设计方案，或请专家评审。房地产公司将欲出售的楼房图纸软件输入计算机，客户戴上头盔和手套，就能身临其境，不但能在预购房中参观，还能打开窗户看见窗外景物。如果对设计不满意，还能据实提出意见。

虚拟现实技术还能应用在娱乐上。英国出售一种滑雪模拟器，使用者可以身穿滑雪服、脚踩滑雪板、手挂滑雪棍、头上载着头盔显示器，手脚上都装着传感器。虽然在斗室里，只要做着各种各样的滑雪动作，便可通过头盔式显示器，看到堆满皑皑白雪的高山、峡谷、悬崖陡壁——从身边掠过，其情景就和在滑雪场里进行真的滑雪所感觉的一样。

现在，虚拟现实技术不仅可以创造出虚拟场景，还能创造出虚拟主持人、虚拟歌星、虚拟演员等。日本电视台推出的歌星DiKi，不仅歌声迷人而且风度翩翩，引得无数歌迷纷纷倾倒，许多追星族都欲亲睹其芳容，迫使电视台只好说明她不过是虚拟的歌星。美国迪斯尼公司还准备推出虚拟演员，这将使"演员"艺术青春常在、活力永存。明星片酬走向天价也是导致使用虚拟演员的另一个原因，如果虚拟演员成为电影主角后，电影将成为软件产业的一个分支。各软件公司将开发数不胜数的虚拟演员软件供人选购。固然，在幽默和人情味上，虚拟演员在很长一段时间内甚至永远都无法同真演员相比，但它的确能成为优秀演员。由计算机拍成的游戏节目《古墓丽影》片中的女主角，入选为全球知名人物，就预示着虚拟演员时代即将来临。

正如其他新兴科学技术一样，虚拟现实技术也是许多相关学科领域交叉、集成的产物。它的研究内容涉及人工智能、计算机科学、电子学、传感器、计算机图形学、智能控制、心理学等。

**虚拟现实技术**

然而我们必须清醒地认识到，虽然这个领域的技术潜力是巨大的，应用前景也是很广阔的，但仍存在着许多尚未解决的理论问题和尚未克服的技术障碍。客观来说，目前虚拟现实技术所取得的成就绝大部分还仅限于扩展计算机的接口能力，仅仅是刚开始涉及人的感知系统和肌肉系统与计算机的结合作用等问题，还没有根本深入"人在实践中得到的感觉信息在人的大脑中存储和加工处理成为人对客观世界的认识"这一重要过程。只有当真正开始涉及并找到解决这些问题的技术途径时，人和信息处理系统间的隔阂才有可能被彻底克服。

我们期待，有朝一日虚拟现实系统能成为一种对多维信息处理的强大系统，成为人类进行思维和创造的助手，成为对人们已有的概念进行深化和获取新概念的有力工具。

# 工业科技推进

GONG YE KE JI TUI JIN

## 火药的发明

我们通常所说的火药就是指"黑色火药"。因为它呈褐色，也叫"褐色火药"。这是人类掌握的第一种爆炸物，触火即燃是它主要的特征，而且燃烧猛烈，故冠之以"火"。可为何名之为"药"呢？

火药的主要成分是有硝石、硫磺和木炭三种。在我国第一部药材典籍《神农本草经》里，硝石和硫磺都被列为重要的药材。火药发明之后，由于其主要成分是药物，故火药本身仍被列入药类。明代著名医学家李时珍所著的《本草纲目》中，说火药能治疮癣、杀虫、避温气和瘟疫。

火药产生于人们长期的炼丹制药的实践中。

经过长期的实践，人们对火药的主要成分炭、硫、硝的性能有了一定的认识和把握。商周时期，人们在冶金中已经广泛使用木炭，认识到木炭是比木柴更好的燃料。在对硫磺的开采和冶炼的接触中，人们逐渐认识到硫的一些性能。除了对某些皮肤病有特殊的疗效外，还可以与铜、铁、水银等金属化合。有关这些认识在《神农本草经》《周易参同契》等书中均

火药的发明来自于中国古老的炼丹术

有记载。硫的这些性能，在从事炼丹的方士眼里很受器重。他们在用水银炼制所谓的"金液""还丹"中，常常使用硫。在实验中，针对硫极难擒制的特性：春火容易飞升，方士们发明了一种"伏火法"。就是把硫和其他易燃物质混合加热或发生某种程度的燃烧，以改变原来的性能。隋末唐初的医药家、炼丹家孙思邈，史称"药王"。在他所撰的《诸家神品丹法》和《孙真人丹经》中，记载了多种"伏火"之法，其中有"伏火"硫磺法。唐代元和年间炼丹家清虚子所著的《太上圣祖金丹秘诀》中，有控制硫磺的"伏火法"。硫磺伏火法的出现，是火药的问世的重要前提。

制取火药的关键是硝的引入。硝的化学性质很活泼，撒在赤炭上一下子就产生焰火，能和许多物质发生作用。东晋炼丹家葛洪在他所著的

《抱朴子·仙药》篇曾记载以硝石、玄胴、松胎三物炼雄黄。当硝石量小时，能得到砒霜和单质砷；当硝石量大时，猛火加热，能发生爆炸。由于硝石的颜色和其他一些盐类如朴硝（硫酸钾）等差别不大，在使用中容易搞错，人们还掌握了认识硝石的方法。南北朝时期的医药家陶弘景指出："此火烧之，紫青烟起，云是硝石也"。这类似于近代用焰色反应鉴别硝酸钾。它为后来大量地采用硝石提供了技术准备。

通过长期的实践，在硫磺伏火的多次实验中，人们认识到硝石、硫磺和木炭混合在一起会爆炸，从而发明了原始的火药。9世纪中叶成书的《真元妙道要略》中，十分清楚地记载了某些炼丹家将硫磺与雄黄，硫及蜜放在一起加热，其混合物发生爆炸，烈焰腾起，烧伤炼丹家的手和面部，甚至将房屋烧成灰烬。这是文献中关于原始火药的最早记载。由此推断，至迟在公元808年以前，已在中国诞生了含硫、硝、炭三种成分的火药。

火药问世后，很快便广泛应用于游艺娱乐方面。中国人民喜迎新春的一项重大活动，就是燃放用火药制成的烟花爆竹。

火药在军事方面亦大显身手，长盛不衰。在火药发明之前，古代军事家常采用火攻战术克敌制胜，其中有一种叫火箭的武器。箭头上附着像油脂、松香、硫磺之类易燃物质，点燃后射出去，以烧敌方军械人员和营房。但是这种火箭燃烧慢，火力小，容易扑灭。唐末宋初，人们利用火药代替一般燃烧物发明了火药箭。公元904年，地方割据势力混战不已，军队常用"飞火"，就是在箭杆上绑上一个火药团，点着引信，用弓发射出去。这是火药在军事方面的早期利用

飞火

**古代火炮**

形式。随后又在石炮的基础上，创造了火炮。火炮就是把火药装成容易发射的形状，点燃引线后，由原来抛射石头的抛石机射出。火药运用到武器上，是武器史上一大进步。在战争中，火药武器显示了前所未有的本领，这使它很快引起人们的重视，许多种火药武器如雨后春笋蜂拥而出。尤其是五代十国和宋元时期，战争连绵不断，火药的质量和火药武器得到前所未有的大发展。除了火箭、火炮外，火球、火蒺藜等冠以火药名称并直接应用于实战的武器相继出现。

自身具有推进和发射功能的火箭的出现是火药

武器方面的另一突出成就。宋元时期已发明了一种利用火药喷射所产生的反作用力，把箭镞射向敌方的火药箭。这是现代火箭的鼻祖，其原理与现代火箭的发射原理相一致。这个时期不但有多火药筒并联火箭"神火飞鸦"，有翼火箭"飞空击贼震天雷炮"问世，还出现了多极火箭"火龙出水"，多发齐射火箭"一窝蜂"。这个时代，火箭技术得到了突飞猛进的发展。

中国发明火药和运用火药武器远远早于欧洲人。12~13世纪，欧洲人从阿拉伯人的书籍中知道了火药。但是火药的制作方法，直到南宋时候，大约在公元1225—1248年间，中国和阿拉伯、波斯等国通商以后，才

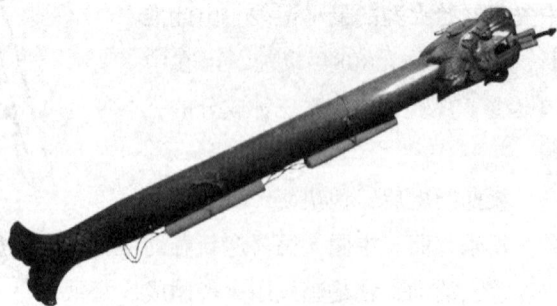

**火龙出水复原图**

由中国商人或阿拉伯商人传入了阿拉伯各国，又由阿拉伯传入欧洲。正如韩国学者冯家升所言：阿拉伯充当了中国火药西传的中转站。欧洲人第一次制造火药是在公元1305年，正式用火药来发射火炮已经是15世纪的事了。欧洲人从1249年开始仿制中国的火药，英国的罗杰·培根最先制造出黑色火药，培根的火药被用来制作焰火。

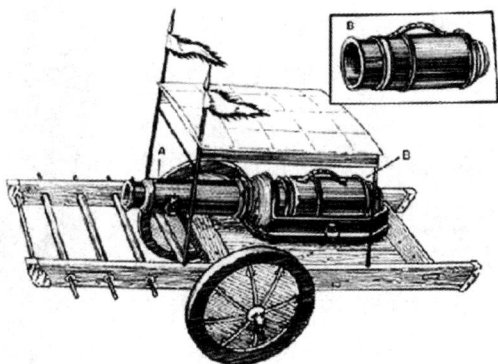

明军"佛郎机"快速装填火炮

1313年，德国僧人白尔托莱·休毕尔兹成功地把火药用到了火炮上。这样，自从发明了使用火药的火枪这种新式武器，就改变了过去的战争模式，枪炮装备的步兵代替了披甲的骑兵。可以说，谁先获得新式武器，谁就能够支配历史。欧洲大地上火炮的第一次轰鸣敲响了城堡的丧钟，因而也敲响了封建贵族制的丧钟。

火药不但在摧毁欧洲封建制度的过程中是一种强大的催化剂，而且是资本主义进行原始资本积累，扩张殖民地的血腥争夺的新工具。资本主义和帝国主义分子以坚船利炮，打开众多国家的大门，对殖民地人民进行惨无人道的剥削和压榨，拉开东方从属于西方的帷幕。

随着人类生产技术的发展，火药、火器对于人类和平事业的贡献也是十分巨大的。它可以用于开山、筑路、采矿，使人类征服自然的能力空前增强。1627年，有一个叫长斯贝尔·华因德尔的人首先用黑色火药来爆炸矿山的矿石。随着矿业的发展，人们迫切需要一种比黑色火药爆炸力更强的火药。于是，人们开始研究爆炸力更强的火药。1843年，法国的罗兰发明了用石碳酸制取黄色炸药的方法；1846年，瑞士学者埃拜因在棉纤维上使硝酸和硫酸发生作用，获得一种叫做硝化纤维素的具有很强爆炸力的火药，亦叫棉火药。后来，又相继出现无烟火药、硝化甘油。然而瑞典化学家诺贝尔研制的"安全炸药"综合了所有火药的优点，不但安全而且爆炸力强。对火药的发展作出了巨大贡献。自从诺贝尔"安全炸药"问世后，采矿量大增，这是黑色火药无法比拟的。

火药的发明，不但是古老的中华文明的推动力，它也为世界文明进程注入了催化剂。东方大地进发的发明之火，点燃起欧洲新世纪诞生礼炮的引信，推动了世界的大发展。

## 蒸汽机的发明

蒸汽机是将蒸汽的能量转换为机械功的往复式动力机械。蒸汽机的出现曾引起了18世纪的工业革命。直到20世纪初，它仍然是世界上最重要的原动机，后来才逐渐让位于内燃机和汽轮机等。

世界上第一台蒸汽机是由古希腊数学家亚历山大港的希罗于1世纪发明的。不过它只不过是一个玩具而已，没有实用价值。约1679年，法国物理学家丹尼斯·巴本在观察蒸汽逃离他的高压锅后制造了第一台蒸汽机的工作模型。其后，各国科学家都参与进来。1769年，英国人詹姆斯·瓦特成功地制造出了早期的工业蒸汽机。瓦特不是蒸汽机的发明者，在他之前，早就出现了蒸汽机，即纽科门

瓦特

蒸汽机，但它的耗煤量大、效率低。瓦特运用科学理论，逐渐发现了这种蒸汽机的毛病所在。从1765年到1790年，他进行了一系列发明，比如分离式冷凝器、汽缸外设置绝热层、用油润滑活塞、行星式齿轮、平行运动连杆机构、离心式调速器、节气阀、压力计等，使蒸汽机的效率提高到原来纽科门机的三倍多，最终发明出了现代意义上的蒸汽机。

自18世纪晚期起，蒸汽机不仅在采矿业中得到广泛应用，在冶炼、纺织、机器制造等行业中也都获得迅速推广。它使英国的纺织品产量在二十

多年内（从1766年到1789年）增长了五倍，为市场提供了大量消费商品，加速了资金的积累，并对运输业提出了迫切要求。

在船舶上采用蒸汽机作为推进动力的实验始于1776年，经过不断改进，至1807年，美国的富尔顿制成了第一艘实用的明轮推进的蒸汽机船"克莱蒙"号。此后，蒸汽机在船舶上作为推进动力历百余年之久。

1800年，英国的特里维西克设计了可安装在较大车体上的高压蒸汽机。1803年，他把它用来推动在一条环形轨道上开动的机车，找来喜欢新奇玩意儿的人乘坐，向他们收费，这就是机车的雏形。英国的史蒂芬孙将机车不断改进，于1829年创造了"火箭"号蒸汽机车，该机车拖带一节载有30位乘客的车厢，时速达46千米/小时，引起了各国的重视，开创了铁路时代。

蒸汽机的发展在20世纪初达到了顶峰。它具有可变速、可逆转、运行可靠、制造和维修方便等优点，因此被广泛用于电站、工厂、机车和船舶等各个领域中，特别在军舰上成了当时唯一的原动机。

简单蒸汽机主要由汽缸、底座、活塞、曲柄连杆机构、滑阀配汽机构、调速机构和飞轮等部分组成，汽缸和底座是静止部分。从锅炉来的新蒸汽，经主汽阀和节流阀进入滑阀室，受滑阀控制交替地进入汽缸的左侧或右侧，推动活塞运动。

蒸汽机的出现和改进促进了社会经济的发展，但同时经济的发展反过来又向蒸汽机提出了更高的要求，如要求蒸汽机功率大、效率高、重量轻、尺寸小等。尽管人们对蒸汽机作过许多改进，不断扩大它的使用范围和改善它的性能，但是随着汽轮机和内燃机的发展，蒸汽机因存在不可克服的弱点而逐渐衰落。

19世纪的瓦特蒸汽机

## 内燃机的发明

内燃机是一种动力机械，它是通过使燃料在机器内部燃烧，并将其放出的热能直接转换为动力的热力发动机。

广义上的内燃机不仅包括往复活塞式内燃机、旋转活塞式发动机和自由活塞式发动机，也包括旋转叶轮式的燃气轮机、喷气式发动机等，但通常所说的内燃机是指活塞式内燃机。

19世纪中期，科学家完善了通过燃烧煤气、汽油和柴油等产生的热转化机械动力的理论。这为内燃机的发明奠定了基础。

活塞式内燃机起源于用火药爆炸获取动力，但因火药燃烧难以控制而未获成功。1794年，英国人斯特里特提出从燃料的燃烧中获取动力，并且第一次提出了燃料与空气混合的概念。1833年，英国人赖特提出了直接利用燃烧压力推动活塞做功的设计。后人们又提出过各种各样的内燃机方案，但在19世纪中叶以前均未付

诸实用。直到1860年，法国的勒努瓦模仿蒸汽机的结构，设计制造出第一台实用的煤气机。这是一种无压缩、电点火、使用照明煤气的内燃机。勒努瓦首先在内燃机中采用了弹力活塞环。这台煤气机的热效率为4%左右。英国的巴尼特曾提倡将可燃混合气在点火之前进行压缩，随后又有人著文论述对可燃混合气进行压缩的重要作用，并且指出压缩可以大大提高勒努瓦内燃机的效率。1862年，法国科学家罗沙对内燃机热力过程进行理论分析之后，提出提高内燃机效率的要求，这就是最早的四冲程工作循环。1876年，德国发明家奥托运用罗沙的原理，创制成功第一台往复活塞式、单缸、卧式、3.2千瓦（4.4马

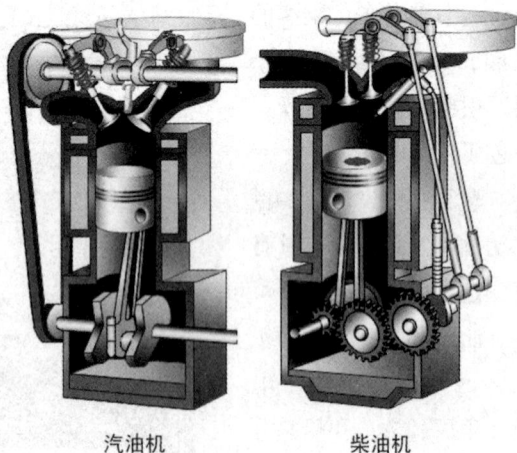

汽油机　　　　柴油机

**活塞式内燃机**

力）的四冲程内燃机，仍以煤气为燃料，采用火焰点火，转速为156.7转/分，压缩比为2.66，热效率达到14%，运转平稳。在当时，无论是功率还是热效率，它都是最高的。

活塞式内燃机自19世纪60年代问世以来，经过不断改进和发展，已是比较完善的机械。它热效率高、功率和转速范围宽、配套方便、机动性好，所以获得了广泛的应用。全世界各种类型的汽车、拖拉机、农业机械、工程机械、小型移动电站和战车等都以内燃机为动力。海上商船、内河船舶和常规舰艇，以及某些小型飞机也都由内燃机来推进。世界上内燃机的保有量在动力机械中居首位，它在人类活动中占有非常重要的地位。

早在往复活塞式内燃机诞生以前，人们就曾致力于创造旋转活塞式的内燃机，但均未获成功。直到1954年，联邦德国工程师汪克尔解决了密封问题后，才于1957年研制出旋转活塞式发动机，被称为汪克尔发动机。它具有近似三角形的旋转活塞，在特定型面的气缸内做旋转运动，按周期循环工作。这种发动机功率高、体积小、振动小、运转平稳、结构简单、维修方便，但由于它燃料经济性较差、低速扭矩低、排气性能不理想，所以还只是在个别型号的轿车上得到

采用。

## 电子计算机的发明

电子计算机也叫"电脑"，是一种能够自动、高速、精确地进行各种数值计算、信息存储、过程控制和数据处理的电子机器。早期的计算机主要应用在科学领域，因为科学上有许多繁杂的计算题，人工计算要用几年，用电子计算机来算则只要几个小时。从第一台电子计算机到现在，计算机技术已有了很大进步，现在它已经进入普通家庭，成为千千万万人离不开的生活、工作伙伴。

1946年，美国著名数学家、计算机科学家冯·诺伊曼发明了世界上第一台数字式电子计算机——埃尼阿克（ENIAC）。1944年，诺伊曼作为洛杉矶原子弹研制组的成员之一，在美国阿拉莫斯实验室工作。核武器设计需要大量的数字计算，为此，他中途加入到"埃尼阿克"计算机的研制小组中。1945年，他提出了"程序内存式"计算机的设计构想。这一构想为电子计算机的逻辑结构设计奠定了基础，成为计算机设计的基本原则。冯·诺伊曼发明的电子计算机采用二进制系统，奠定了现代电子计算机的

世界上第一台机算机"埃尼阿克"

计算模式，因而人们称冯·诺伊曼为"现代电子计算机之父"。

电子计算机是由硬件和软件两部分所组成。硬件是计算机系统中所使用的电子线路和物理设备，是看得见、摸得着的实体，如中央处理器（CPU）、存储器、外部设备（输入输出设备等）及总线等。软件是对能使计算机硬件系统高效率工作的程序集合，主要通过磁盘、磁带、程序纸、穿孔卡等存储。可靠的计算机硬件如同一个人的强壮体魄，有效的软件如同一个人的聪颖思维。

计算机自诞生以来经历了四个发展阶段。第一阶段是从1946年到50年代末，以电子管为主要应用元件，通常用于科学计算，所研制的都是单机系统。第二代是从20世纪50年代末到60年代中期，以晶体管为主要元件，应用领域扩大到数据处理和工业控制方面，计算机开始向系列化方向发展。第三代是从20世纪60年代中期到70年代初，以中、小规模集成电路为主要元件，机种多样化，外部设备不断增加，软件功能进一步完善，广泛运用于各个领域。第四代即目前被广泛使用的计算机，采用大规模集成电路和半导体存储器。其系统已向网络化、开放式、分布式发展，正发挥着巨大的经济和社会效益。而在未来的信息社会中，计算机将采用超大规模集成电路及其他新的物理器件为主要元件，能处理声音、文字、图像和其他非数值数据，并有推理、联想和学习、智能会话和使用智能库等人工智能方面的功能。

现在，计算机的体积越来越小、容量越来越大、速度越来越快、价格越来越低、准确性越来越高，而且种类繁多。按用途分为：通用性计算机（应用范围较广泛，适用于科学研究，商业数据处理以及工程设计等领域）和特殊计算机（根据特殊目的而设计的计算机，例如飞弹导航、飞机的自动控制以及冷气机的温度控制等）；按功能、价格、速度及容量分为：超大型计算机（国防军事之用）、大型计算机（大型企业使用）、中型计算机（中小型企业办公使用）、迷你计算机（飞航管制、卫星地面接收站）、微型计算机，又称个人计算机或家用计算机（适于日常生活小量处理）。

## 机器人的发明

机器人是一种在结构上和功能方面都与人相像的灵活而又通用的自动机，自其发明以来，经历了快速的发展。机器人的广泛应用，为人类的进步发挥了不可磨灭的作用。

传说我国古代有个名叫偃师的工匠，曾用木头制成一个能歌善舞的伶人。在希腊有关类似机器人的构思可追溯到2000年以前。神话中的青铜人太罗斯就是一个人们想象中的"人造人"。还有许多人在电视中看到的机器人"阿童木"。无论是神话还是传

冯·诺伊曼

说，它至少反映了人们对自身能力在物体上体现出来的愿望。

正是基于上述的愿望，人们做出了不断的尝试，无论在东方还是在西方都有久负盛名的自动偶人（或自动机器），为以后机器人的研制开了启端。据说16世纪末，德国的克里斯特法·列斯勒制造了自动偶人。自动偶人以1773年瑞士的钟表匠贾凯·德洛斯父子所制造的最为著名。这是一个身高1米左右的可爱的"少年"，右手能拿钢笔写字。它是利用发条和齿轮装置开动的，结构很精巧，现在它还陈列在瑞士的巴塞尔附近的历史博物馆里。

"机器人"这个概念出现在1920年，捷克作家卡雷尔·查培克写的剧本《洛桑才能机器人公司》中出现了"机器人"（Robot）一词。从此，世界上才有了机器人的概念。

此后，18世纪的仿生机械，19世纪的车床和穿孔卡织布机，20世纪出现的假肢，遥控机械手都为机器人问世打下了基础。然而对机器人问世影响最大的，还是20世纪40年代中期电脑的出现，由于有了电脑，才使机器有记忆、学习能力。这是机器人最重要的功能之一。

到了20世纪四五十年代，随着计算机技术、数字控制技术和专用机械手（操作机）的发展，机器人开始出现了。1959年，美国联合控制公司首先研制了名为尤尼梅特（unimate，意为"万能自动"）的示教再现型简单机器人。它的运动系统模仿坦克炮塔的运动，臂可以回转，可以俯仰，可以伸缩，驱动装置为液压系统，用磁鼓作为存储器。1962年，美国机械与铸造公司试制出沃萨特兰工业机器人，其名字的意思为"多用途搬运"。同年，美国联合控制公司与普鲁曼公司合并成万能自动公司，专门从事生产机器人。从此，美国生产机器人的厂家多起来了，有埃里工程公

世界上第一台工业机器人"尤尼梅特"正在生产线上工作

司和自动定位公司等六十多家。从事机器人研究的主要单位有麻省理工学院等。

日本是机器人发展最快，而且拥有机器人数量最多的国家。早在1967年，日本丰田公司就引进了沃萨特兰机器人；川崎重工引进了尤尼梅特机器人；会田工程公司、石川岛播磨重公司自制了工业机器人。机器人在日本是风行一时的热门，生产厂有一百多家。目前有从事机器人研究的学校、政府机构和正式研究所85个，其中以早稻田大学和东京大学的机器人研究最为出名。

随着机器人日益受到重视。苏联、德国、法国、瑞典等国家也都大力发展机器人，并已开始了较好的应用。

机器人发展历程中的第一个阶段是"仆从机器人"，这种机器人还没有自主能力，靠的是人的操纵。早在20世纪40年代，美国阿贡实验室的高德兹教授和他的助手们总结了人工肢体设计、传动机构、操纵和控制系统的大量经验，经过反复试验，制成了机械联结的"主—从"手。利用对它的操纵，可以让它到有放射性的所谓"热室"中去放取有放射性的物质。1954年，经过对"主—从"机械手长达十年的不断改进，最后设计制造出

M8型仆从机器人。

1958年，在瑞士日内瓦展出了阿贡实验室所设计的仆从机器人。它是利用遥控技术设计出来的最新科技成果，当时在世界上处于绝对领先的地位。在展出期间，阿贡实验室专门选派熟练的操作员进行了精湛的表演。只见机器人在人的操纵下亦步亦趋，灵活自如地做着各种复杂的动作，使参观者无不交口称赞。

机器人发展的第二个阶段是具有相对独立能力的工业机器人。美国恩盖伯格为工业机器人的设计和研制作出过杰出贡献，被人们誉为"机器人之父"。

1956年，受朋友乔治·戴沃尔"按程序传递物品"设想的启发，恩盖伯格联想到利用这一设想可以设计一种具有多种功能，自动完成取、放、抬各类物品的机器人，这其实就是制造工业机器人的构想。此后他与戴沃尔合作，准备将研制机器人的构想付诸实施。

经过几年艰辛的创造性劳动，他们终于在1959年研制成功第一台工业机器人。机器人采用的是液压传动机构和计算机控制的方式。尽管机器人的外形一点也不像人，可干起活来却相当灵活，一个机器人往往可以顶上好几个工人。它们可以做劳动强度相

当大的工作。在取得这一成果后，恩盖伯格等人成立了专门研制开发各类机器人的尤尼梅特公司，各种类型的工业机器人陆陆续续地在这家公司诞生了。尤尼梅特也一度成了工业机器人的代名词。

20世纪60年代末又出现了第三代机器人——智能机器人，其特点是有感觉功能，能获取外界信息，可由计算机进行信息的分析处理，进而产生控制作用。到20世纪80年代，第三代机器人已达到实用水平；20世纪90年代，进入普及阶段。

有些科学家从机器人一出现，就在研究，机器人是否能具有智能。美国麻省理工学院研制出MH—I型智能机器人，美国斯坦福研究所制成名叫"谢克"的机器人，利用这两种机器人进行试验表明，机器人是可以具有智能的。1969年，斯坦福研究所用"谢克"进行了成功的试验。

智能机器人的构造更像人了。它有由摄像机、测距装置、图像处理器组成的电子"眼睛"；由话筒与声音识别电脑，构成了它的"耳"；它还有许多其他传感器，如触觉、力觉、接近觉、嗅觉等。机器人的"眼"、"耳"及其他传感器构成了感觉器官，由它们感知外界信息，并进行初步处理，再送给中央电脑。中央电脑

日本本田公司的智能机器人

相当于人的大脑，它对送来的信息（如看见的图像，听到的语音等），利用知识（包括数据库内资料）进行识别；中央电脑根据传送给它的指令、自身状态及外界环境进行分析、推理、判断、作决策（也就是进行思维后产生控制信号），控制它的机械手、行走装置和"口"作出反应。机器人的机械手、行走装置相当于人的手和脚，而机器人的"口"是由扬声器与声音合成电脑组成的，它根据电脑指令，会说出人能听懂的话语。

智能机器已能再现人的感觉进行操作和行动，并能处理意外事件，从事复杂作业。它具有了"人工智能"，可以识别外界环境及自身状

态，自主决定自己完成任务的方式。

随着现代科学技术，特别是电子计算机技术的高速发展，现代机器人的种类越来越多，而未来，机器人功能将会越来越强。

机器人也"进化"得越来越"现代化"了，"进化"的目的是使机器人具有接近于人类的功能，使机器人与人之间的差异减小。

## 激光的发明

1960年7月，世界上第一台固体红宝石光量子放大器诞生，激光由此发明并得以广泛应用。

1916年，物理学家爱因斯坦提出了光受激辐射的理论，认为处在高能级的原子会向低能级跃迁，同时放出一个光子。这个光子就会激发它邻近的另一个相同能级的原子发光，发出的光子又会引起别的原子辐射，这样在一个极短的时间里，就会激发出非常多的光子。在一刹那间把光放大千百亿倍。

1951年，美国物理学家汤恩斯在美国华盛顿召开的物理学会议上，提出了利用受激辐射放大微波的构想，从而为激光器的发明奠定了理论基础。与此同时，苏联物理学家巴索夫

和普罗霍洛夫也在进行同样的工作。

1954年，汤恩斯等人为获得相干辐射，发明了第一架波长为1.25厘米的氨分子气体微波量子放大器Master，它的译音为"脉冲"。

1957年，固体微波量子放大器问世。这类器件具有低噪音、高灵敏度的优点，在远程微波雷达、人造卫星、射电天文学、通信、遥测和遥控等现代科学技术中应用潜力极大。因此，它们在理论和技术上发展神速，很快便从实验室步入实用。

微波量子放大器的发明和发展，为激光的问世奠定了坚实的物质基础。因为激光器实质上就是一台光波段的量子放大器。

1958年，美国科学家肖洛和汤斯发现了一种颇为奇怪的现象：当他们将闪光灯泡所发射的光照射到一种稀土晶体上时，晶体的分子会发出鲜艳的、始终会聚在一起的强光。根据这一现象，他们提出了"激光原理"：物质在受到与其分子固有振荡频率相同的"能量"激励时，都会产生这种不发散的光——激光。可以说，"激光原理"的提出是光学史上的一个里程碑。正是在它的基础上，人们才制成了真正的激光器。

1958年，汤恩斯、巴索夫和普罗霍洛夫几乎同时提出了把受激辐射放

大推进到光频的设想，建立了把微波量子放大技术扩展到光波段的理论。他们因此共同获得了1964年的诺贝尔物理学奖。

此后，受激辐射振荡器从微波逐渐扩展到光波段。

1960年7月，世界上第一台固体红宝石光量子放大器被美国科学家梅曼在实验室试验成功。当时，他用刚玉中掺入铬离子（即红宝石晶体）的晶体做工作物质。梅曼选用这种材料时也曾犹豫过，当时，有人指出，不能指望用红宝石晶体作为激光的工作物质，原因是按红宝石晶的能级结构和特性，需要的泵浦强度极高，技术

梅曼和他的世界第一台红宝石激光器

上不容易达到。还有人认为，红宝石的发光量子效率低，只有1%左右。于是，梅曼也曾考虑采用碱金属蒸气做工作物质，但分析对比后，发现利用这种蒸气做工作物质遇到的难度更大，而梅曼在研制微波激射器时曾用过红宝石晶体，对它的光学特性多少有些了解，所以，他决定先采用红宝石晶体做试验，从中了解有关对工作物质的具体要求，再和材料科学家合作，研制新的工作物质。

梅曼通过重新测量红宝石晶体的量子效率发现，其不是他人文章中提到的1%，而是高达75%（后来实验中还达到了100%），他又分析了使红宝石晶体达到能级粒子反转的条件，发现只要有等价于5000K黑体辐射光源泵浦就能使能级粒子反转，而氙灯的色温可以达至8000K。所以，在技术上当时是完全可以做到。经过这些分析，梅曼坚定地选用了红宝石晶体作他的放大器工作物质。这台放大器所以用的泵浦源——脉冲氙灯是螺旋形，红宝石棒直径1厘米，长2厘米，它刚好可以套入螺旋氙灯在红宝石两端的镀银膜，构成谐振腔。

梅曼接通电源，打开开关，一束耀眼的神奇红光射了出来，它的亮度竟不可思议地是太阳表面亮度的四倍。梅曼成功了，他制造出了世界上

第一台光量子放大器。光量子放大器其实就是激光放大器，这种神奇之光被称为"激光"。

光量子放大器制出后，激光器一跃成为世界上最令人瞩目的新发明。

在梅曼进行此项研究之后不久，美国贝尔研究所的格林治研制成功了红宝石激光器。此外，威斯汀豪斯公司和雷森公司的研究所也都相继开展了激光器的研究。

我国第一台红宝石激光器

1961年，美国贝尔研究所的佳班将氦气和氖气混合在一起，用光加以照射，由于氦和氖分子的振动产生了一种特殊的红外线。这种装置称为氦氖气体激光器。这也是世界上第一台氦气激光器。

氦氖气体激光器和以前巴利安公司研制的氦气体激光器不同，它所发出的激光不含杂波，是极纯正的单色光。

此外还有利用铯和铷等蒸气制造的气体激光器陆续问世。激光器的新研究成果不断涌现。

概括地说，形成激光要经历下述过程：首先通过激励能源（如氙灯）的作用使工作物质（如红宝石棒）实现粒子数反转分布（粒子数反转分布是相对于原子正常分布而言的）。在这种状态下，在工作物质中偶然产生的自发辐射的光子进行受激放大，从而得到大量特征完全相同的光子。再通过谐振腔的作用，使受激辐射维持下去，大大加强了受激放大的效果，使之持续发射大量特征相同的光子，这就形成了激光。显然，激光是受激辐射和谐振腔共同作用的结果，激光即是"受激辐射光放大器"。

从激光形成的过程可以看出，从发光的内部机制看，普通光源的发光是自发辐射，激光是受激辐射。物质的发光是亿亿个原子的跃迁（即原子在高能级和低能级之间的跳动），在自发辐射中每个原子的跃迁是自发的、个体化的、互不关联的、无秩序的、不可控制的，所发出的光也是杂乱无章的。然而，在受激辐射中受激辐射所发出的光与激发它的外来光性质完全相同，即各发光原子之间是步调一致的，是互相关联的、有规律的、集体化的发光行为，所发出光子是单一的，可控制的。由此可见，激光器是一种新颖的光源，它具有普通光源所不具备的特点。

首先，普通光是多种光的混合，而激光则只包含一种光色，因而是颜色最纯的光。其次，普通光都是散射的，为了增加亮度，就要用光罩把散射的光反射回来。假如有一架聚光性能最完美的探照灯，用它来照射月球，那么光束的直径也会扩散到几千千米以上。而激光具有集束的性能，它集中在沿轴线方向的一个极小的张角内。如果把一束激光射到月球上，光束直径只有两千米。正因为这个缘故，激光的亮度可以高出同功率的普通光几亿倍，甚至比太阳光还要亮得多。如果把它汇聚起来，在不到千分之一秒内，就能产生几千万度的高温，熔点再高的金属，遇到激光也只有化作一缕青烟了。

可见，激光是目前世界上最亮的光源，而且颜色最纯，射得最远，汇聚得最小，光束最准直，相干性最好。这种新型光源开辟了经典光学前所未有的应用前景。

## 集成电路的发明

科学技术的发展是无止境的。晶体管与电子管的诞生，实现了电子器件的小型化。1958年，世界上第一块硅集成电路的制作成功，又揭开了新的"微电子时代"的序幕。

晶体管取代电子管之后，电子计算机的体积大大缩小，可靠性大大增强。但是，随着对电子计算机功能要求的不断提高，使用的晶体管、电阻和电容等元件愈来愈多。甚至已经达到几十万、甚至几百万个。这样积少成多，电子计算机又渐渐地"胖"了起来，要想在飞机、人造卫星、导弹中装上复杂的电子设备，体积和重量再次成为问题。人们又在思考，怎样才能使晶体管等元件变得更为小巧轻便呢？

当初，也有不少人设法缩小电子管的体积，但体积太小，阴极发射出的电子数量就少，以致无法工作。晶体管则不存在这样的障碍。晶体管刚问世时，它真正的工作部位的体积只有半粒芝麻那么大。即使这"半粒芝麻"，我们还可进一步将它缩小到

电子管

针尖那么大小。从原理上讲，它可以小到和分子相比较的地步。但是，晶体管即使做得那么小，还解决不了问题。因为每个晶体管都有三只脚，它们既是晶体管对外沟通的导线，又兼作晶体管的支架。这三只脚怎么处理呢？总不能用细到几乎看不见的导线来代替吧。这样细的导线不仅焊起来吃力，而且一碰就断，机器的可靠性大成问题，岂不是弄巧成拙吗？

达默在20世纪50年代首先提出，虽然单个的晶体管不宜做得太小，但可以将许多晶体管、电阻、电容等元件做在一起，使用时可以少连很多线，以缩小体积、提高可靠性。何况

许多电子部件本身就是固定组合，例如，触发器、放大器等。这就是集成电路的设计思想，是电子学在观念上的一次重大革命。可惜当时由于工艺水平的限制，达默未能亲自将他的科学预想变为现实，他的设想还只能是一个美好的愿望。

达默的科学预想，终于在美国的土地上生根、开花。一位初出茅庐的美国电机工程师——杰克·基尔比首先将这一预想变为现实。

1923年11月，基尔比生于密苏里州杰斐逊城，1947年毕业于伊利诺伊大学物理系，1950年获威斯康星大学理学硕士学位。1958年夏天，当时担任美国德克萨斯仪器公司副经理的基尔比，接受了一项设计电子微型组件的任务。所谓微型组件，就是把分立的电子元件尽可能做得小些，把它们尽可能紧密地封装在一个管壳内。在设计过程中，基尔比敏锐地发现，这种微型组件的成本高得惊人，制造这种微型组件的打算不切实际。怎么办？他想到达默的理论，下决心按照这种新奇的办法试一试，把包括电阻、电容在内的一切元件都用半导体材料制作，使它们珠联璧合，形成一块完整的微型固体电路。

基尔比的试制工作分两步进行：第一步，把电阻、电容等元件改由硅

**晶体管**

生成的二氧化硅对掺杂的屏蔽作用，并在二氧化硅的表面上沉积金属作为导线，从而不用焊接而形成了完整的集成电路。

因此，实事求是地说，是基尔比发明了第一块集成电路，而诺依斯则使集成电路的制造更专业化，并将它推向工业化生产。

集成电路的出现，适应了电子技术发展的需求，主要是实现了电路的微型化、高速度、高可靠和低成本。

无论是计算机、电视机、雷达还是别的什么电子仪器，在诞生之初并不能很快得到广泛应用，主要原因之一就是设备的体积和重量太大。比如现在早已普遍使用的电子手表，其核心是一块包括大约3000个晶体管的中规模集成电路。倘若用晶体管和其他分立元件来组成这个电路，那么这块"手表"大概要比一台电视机还要笨重。由超大规模集成电路组成的微型计算机，其功能早就超过了20世纪50年代所谓"大型"计算机。这就是集成电路带来的微型化。

材料制作，用腐蚀出的硅条作电阻，硅上的氧化层作电容；第二步，把电阻、电容和晶体管全做到一块硅片上。半个多月的苦干，终于结出硕果。1958年9月12日，世界上第一批（共三块）平面型集成电路——相移振荡器制成了。翌年3月，该集成电路首次在美国无线电工程师协会举办的展览会上展出。

几乎与此同时，美国仙童公司的诺依斯等人也在进行集成电路的研究。他们曾经在晶体管的发明人肖克莱的手下工作过。基尔比发明集成电路的消息传来，更加鼓舞了他们深入研究的决心。他们发现，基尔比仅仅是在一块半导体材料上同时制造出几个元件，而元件之间还要靠纤细的金属导线焊接起来，这样并不能发挥"集成"的作用。于是，他们采用平面晶体管制造工艺，依靠硅晶体氧化

微型化的同时带来了高速度。因为尽管电信号的传播速度是300000千米／秒，但这也意味着，信号每通过30厘米的导线，就要延迟1纳秒的时间。倘若电子设备是由几十万、上百万个分立元件组成，它们之间的连

线总长度就十分可观，每一个信号仅仅在这些导线上通过，延迟的时间就会达到若干毫秒，这对于要处理大量信号的现代电子设备来说是无法容忍的。

随着电子设备中元件数量的增加，可靠性也显得越发重要。例如，一个包括300万个晶体管的处理器，假如用分立元件来组装，即使每个元件能可靠地工作100万小时（这是根本不现实的），那么平均每20分钟就会出现一次由于元件失效造成的故障，而为了排除这个故障又不知要费多少时间！

集成电路上的所有电路都是一次性制造出来的。大规模集成电路和中小规模集成电路的制造成本相差并不悬殊。这就像照一张集体合影的成本并不比照单人照片更贵一样。

集成电路的发明是继电子管、晶体管发明之后，电子技术领域的一次重大突破。集成电路诞生后，很快被用于电子计算机中。集成电路的电子计算机，称为第三代电子计算机。

影响最大的第三代计算机，是国际商用机器公司（英文缩写为IBM）生产的IBM 360计算机系统——人们称之为"第三代电子计算机的里程

IBM360计算机系统

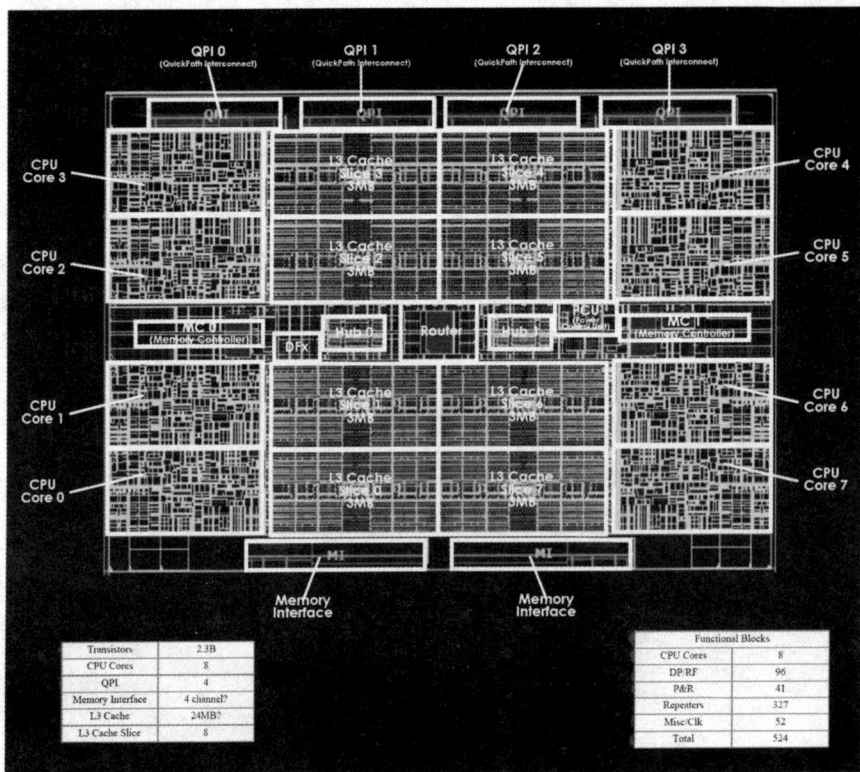

Intel公司研发的 Nehalem-EX CPU核心（部分）

碑"。

在电子计算机的第一代和第二代发展时期，IBM公司使用的元件主要靠外购，而在第三代的360系列计算机的开发中，该公司开办了几个元件厂，自行生产集成电路，只外购少量元件。从此，IBM公司不仅是世界上最大的计算机制造公司，也是一个具有先进水平、规模很大的元器件研制生产单位。

IBM 360计算机系列在1965年问世。由于它具有通用性、系列化和标准化等优点，性能价格比高，取得了极高的利用率。到1970年7月1日止，共售出32300台，对美国乃至全世界的计算机行业都有着深远影响。无论是日本和西欧，还是苏联和东欧，都纷纷参照和仿制IBM 360制造与360系列机兼容的机型。从此，向IBM系统靠拢、看齐，成了计算机行业中一种世界性的趋势。

1964年，包括四个"逻辑门"的小规模集成电路出现了。

几年以后，人们已经能在米粒大小的硅晶体上制造出包括几十到几百个元件的中小规模集成电路。习惯上，人们将包括不超过10个逻辑电路、元件数在100个以内的集成电路称作小规模集成电路，而将包括10～100个逻辑门电路、元件数在10～1000个的叫做中规模集成电路。

1967年，大规模集成电路出现了，它的标志是在一块硅晶体芯片上包含100～5000个"等效门"，即功能相当于这么多逻辑门电路，元件数在1000～10万个的叫大规模集成电路。

1977年4月，一块面积只有30毫米$^2$的硅晶体上，竟集成了13万个晶体管，从而标志着超大规模集成电路的诞生。

20世纪90年代以来，超大规模集成电路技术的发展更加迅猛，包含300万～500万个晶体管的计算机中央处理器和随机存储器早已商品化。有人预言，到21世纪初，在一块芯片上集成上亿个晶体管是完全可能的。

随着技术的发展，现代纳米技术（1微米等于1000纳米）在集成电路的发展中发挥着重要作用。

集成电路的诞生，带来了电子领域的根本性革命。它对航空航天技术、自动化技术、激光技术的发展产生了重大影响，而微型电子计算机的诞生则可以说是集成电路发展的最高成就。另一方面，集成电路的急剧发展也使得电子产品的价格性能比急剧下降，达到了空前的普及，从而使人类真正进入电子化时代。

## 金属玻璃的奥秘

20世纪60年代，美国科学家皮·杜威等首先发现，金—硅合金等液态贵金属合金，在冷却速度非常快的情况下，当金属内部的原子来不及"理顺"位置，仍处于无序紊乱状态时，就可以马上凝固，成为非晶态金属。这些非晶态金属具有类似玻璃的某些结构特征，因此也被称为"金属玻璃"。

金属玻璃是一种特殊的合金材料。通常来说，金属原子都是有序排列的晶体结构，而在金属玻璃中，原子的排列如同液体或玻璃一样杂乱无章。虽然从严格意义上来说，金属玻璃并不是液体，但因为它没有固定的外形，可以像液体一样随意流动。因此，一些商家在进行市场宣传时，仍

**金属玻璃家具**

以"液态金属"这个更便于记忆的形象名称来称呼它。

也正是金属玻璃这种不寻常的结构，以及具有金属一样的硬度和韧性、塑料一样的可塑性，使得金属玻璃成为一种具有良好应用前景的未来材料。在晶体金属或合金中，原子都是在一个个被称为晶粒的区域内整齐排列，而晶粒之间的结合处就是这种合金材料最为脆弱的部位。但是，金属玻璃的原子都无规律地紧密排列的，因而也根本不存在晶粒边界，内在组合没有缝隙，所以它的硬度更大。即使遭到外力重击，原子也很容易恢复原位，同时还具有很强的抗腐蚀能力，不变质，重量轻；也正是由于没有晶粒的体积限制，金属玻璃很容易被制成仅10纳米的微型器件。而且，金属玻璃的非晶体结构还使得它可以在低温下熔化，如同塑料般易于塑造成型。

金属玻璃还具有良好的耐腐蚀性。不锈钢在温度为40℃、浓度为10%的三氯化铁溶液中，表层就非常容易受到腐蚀；而含铬的金属玻璃在同样情况下却能"固若金汤"，腐蚀速率接近零。这还是因为金属玻璃内部原子呈无序排列，不存在晶体的交界面，也不存在晶体缺陷，使得腐蚀液体无法"入侵"；再加上含铬氧化物在金属玻璃表面形成了一层致密而均匀的保护膜，所以金属玻璃的耐腐蚀性特别强，是一种有发展前途的高耐蚀材料。于是，人们就想到用一种铁硼合金的软磁材料，代替硅钢做成电源变压器，不仅性能好，而且电能损耗少，一般的金属合金都是以晶体的形式存在，具有特殊性能的这几种合金却都不是晶体而是玻璃形态物质的金属玻璃。

金属玻璃还是一种优异的磁性材料，具有高饱和磁感应、低铁损等优点，同时还具有较高的耐磨性和耐腐蚀的特点。如果用金属玻璃制造各种磁头，就能避免磁头尖部的脱落现象，降低磁头与盘片摩擦发出的噪声。这将会给我们带来优美、清晰的音质和理想的音响效果。

既然金属玻璃有这么多的好处，那么该用什么方法制得金属玻璃呢？

科学家研究发现，在高温下熔融后，金属经过慢慢冷却就会恢复为晶态。如果将某些金属熔融后通过一个喷嘴，喷到高速旋转的光滑钢质辊面上，急剧冷却，就有可能变成金属玻璃。

但是，金属单质极难生成类似玻璃的结构，它们在温度稍低时便会转化成晶态，已制得的在室温下稳定存在的金属玻璃都是两三种或更多种元素的某些合金。考虑到对冷却速度的要求和非晶态结构的稳定性，用于制备金属玻璃的材料多是铁—钴—镍合金。金属晶体内的微粒排列得很整齐，当体内存在缺陷时，金属就容易被拉断。这就好像搭积木一样，抽掉中间一块，整个搭起的积木就会全部倒塌。而金属玻璃，由于是急剧冷却时形成的，其内部结构来不及排列得很整齐，在整体上的排列还是混乱的，而在小的局部上又可能是有序的，就如同由不规则形状的石头砌成的高台，挖掉一两块也不会影响整个建筑。

研究发现，金属玻璃的断裂强度是钢的4倍。目前，铁系金属玻璃的屈服强度约为4000兆帕，镍系和钴系金属玻璃的屈服强度约为3000兆帕，远远超过了同类的晶态合金的强度。

金属玻璃兼有良好的可塑性，可经受180°弯曲而不断裂。它的抗裂纹扩展能力强，断裂韧性值约为钢的5倍、铝合金的10倍、硅酸盐玻璃的1万倍。把它作为结构材料和复合材料的日子已经为期不远了。

形形色色规则的形成是大自然神奇的力量，而打破规则则是另外一种神奇的力量。从金属到玻璃的跨越告诉我们这样一个道理：万物并没有绝对的分界线，跨越分界线去看事物，能使你得到意想不到的收获。

## 能自我修复的塑料

世上的塑料大体上可分为三类，即"通用塑料""工程塑料"以及"超工程塑料"。其中，通用塑料有聚苯乙烯、聚乙烯以及氯乙烯等，它们大多用于制造日常生活用品，寿命为5~6年；工程塑料则有聚碳酸酯、聚酰胺和聚氧化甲烯等，一般用于制造汽车的零件、电子产品，通常价格比通用塑料高，寿命约为10年左右；超工程塑料仅在特殊环境下使用，主要用于航空航天用品，其价格昂贵，使用寿命可达100年。

我们日常使用塑料，其寿命至多

在10年左右。短寿命的主要原因，就在于塑料内部会出现"劳伤"，这与材料老化有关。

那么老化是如何产生的呢？塑料是由碳、氢、氧三种元素化合而成的纤维状高分子。这种高分子纤维之间络合在一起，使塑料具有固体一样的强度。在普通的塑料里，每一条纤维大约有7处在合在一起，这使塑料在使用时具有安全强度。而塑料老化，则是由于纤维被切断造成的。这是太阳的紫外线或人类使用时施加的外力造成的。如果络合在一起的纤维正中断开，那么一条纤维就变为二条，这个反应过程被称之为塑料的老化。

我们都有过这样的体验：一直在太阳下的塑料桶灌满了水，刚想提起来，只听见"嘎巴"一声响，提手与塑料桶立刻就会断裂。其实，这时的每条纤维都已有多处断裂。通常使用时间越长，塑料的老化就越严重。为此，制作人员掺入了一些紫外线吸收剂，以抑制老化，或在制品外表涂上油漆以抗老化。尽管如此，塑料仍未停止老化的步伐。

科学家研制的"自我修复塑料"是将断开的高分子再自发地接上，以消除老化。当然这并非是说寿命可以无限制延长，但与普通的塑料相比它的老化进程较慢，使用时间也明显延长了。

1997年，科学家首次开发出来的自我修复塑料，是一种叫聚苯醚的工程塑料，成功的关键是开发了为应急处理伤口用的"橡皮膏"和治伤口的"修补剂"。

修补的原理非常简单，首先假定在某些外在因素作用下，负分子络合的电子错开，导致高分子被切断，出现自由的电子，老化由此揭开了序幕。此时，预先置入的修补剂会向这个自由电子靠近。在聚苯醚，铜可以充当修补剂的角色。一开始，铜以2价（缺少2个电子）的状态存在，当它从断开部分得到一个电子后变成1价。这个过程略显复杂，但通过这样的氧化还原反应，中断的部分就被恢复成原样。

这时，起"橡皮膏"作用的是氢。为了供给氢，使聚苯醚具有自我修复能力，可预先在聚苯醚中置入"氢供给剂"，一旦出现断裂，氢就会来到断开部分产生的自由电子处进行结合。

如果没有氢供给剂的应急处理，聚苯醚的高分子内部可能会在各处连锁产生自由电子，这就会使材料"伤痕累累"。

自我修复虽然戛然而止了，但反应仍在继续。得到电子变成1价的铜,会继续与大气中的氧发生化学反应,使氧得到一个电子,铜又回到2价,再次获得作为"修补剂"的能力。这时,反应产生的氧离子与"橡皮膏"的氢离子结合,生成的水便成为废物"排泄"出来。通常来说,每克聚苯醚修复产生的水量为几百微克,修补"劳伤"系统的这种有规律循环是自我修复不可或缺的。

此外,科学家还成功地为聚碳酸酯等构筑自我修复系统。聚碳酸酯的修补剂是碳酸钠,这时的排泄物是气味难闻的石炭酸(苯酚)。排泄物的出现是材料修复过程一个非常有趣的事,其实通过改进也可不必排泄。例如,在聚碳酸酯材料中加入起垃圾箱作用的物质,具体地说如果放入碱性的微小硅胶,那么石炭酸就将被硅胶吸附,这样就不会向外释放垃圾了。但是,反应生成的物质又将成为另一问题,类似的研究还在进行中。目前,科学家正全力以赴构筑其他塑料的修复系统。

现在我们知道,上述材料的自我修复是铜等触媒在受损伤处完成的。但是,塑料是固体,铜等原子或分子真的能到达断裂处吗?许多研究者认为,触媒不可能在固体中流动到断开部分。但也有专家认为,如果在5~10纳米的区域中有触媒,就可以引起自我修复反应。

很多人认为,自我修复反应只能在水溶液或气态环境中才能发生,这个常识阻碍了对自我修复反应的理解。其实,材料自我修复引起的化学反应涉及的只有某种数量级的分子,与普通的化学反应完全不同,也无法适用"化学平衡"等概念,也许这还是一门全新的科学领域,需要从理论上进一步研究。

另外,科学家们在研究中还发现,自我修复反应首先发生在老化最严重的部分。正常来说,高分子断开部分增加,有待发生的反应也增多,但结果却是老化严重的部分优先修复。于是,专家开始将研究方向转移到延伸塑料的寿命上。

2002年以来,为了解决光热条件下电化产品易老化的问题,多家日本企业开发了相应的自我修复型塑料产品。也是在使用这些自我修复塑料后,汽车部件的使用寿命得到了明显的延长。

科学家预言,今后不但是塑料,包括金属和陶瓷等一切人造材料,都有可能具有自我修复性,自主地应对老化。在材料研究中,以前就有"自我修复"概念,但是从未见过实物。后来,科学家果真制造出了具有"自我修复"特性的实物,科学家由此开展了自我修复性的深入研究。或许不久以后，人们就会把自我修复性视为产品的标准。毕竟，产品的寿命延长了，也就意味着它们的可靠性和性能都提高了。

在资源日趋减少的今天，有效地利用自我修复性，延长物品的使用寿命，也算是从另一个方面缓解了日趋严重的环境问题。

## 有记忆的合金

1962年，在美国海军研究所军械研究室里，几个专家正在研究一种新型的武器。

一天，在加工、制作一个部件时，冶金学家比拉尔斯需要一些镍钛合金丝。他对助手说："去，帮我拿一些镍钛合金丝来，我要用。"助手来到仓库，只见仓库内所有的镍钛合金都是弯弯曲曲的，没有一根是直的。助手把领回的镍钛合金交给比拉尔斯。

比拉尔斯见了非常不高兴，说："这么弯曲的东西怎么能用呢？""仓库里的都是这个样子。""那你就不能把它拉直。"助手按照比拉尔斯说的办法，把一根根镍钛合金拉直，然后交给比拉尔斯。比拉尔斯顺手把它

们放在搁板上。

几天后，当比拉尔斯需要这些镍钛合金丝时，他惊奇地发现，这些合金丝又变成弯弯曲曲的样子了。比拉尔斯正想询问这是谁搞的，忽然他好像悟出了什么："奇怪，这里面也许有文章。"

比拉尔斯自己动手把镍钛合金拉直，然后再将它们放在原来的地方。一段时间后，这些镍钛合金又鬼使神差般地变成了曲线状。"这是怎么回事呢？"比拉尔斯对放置合金丝的周围环境进行了认真的观察，证实周围没有存放什么特殊的化学物质，也不存在电场或磁场。

后来，他发现放镍钛合金的地方特别热。原来，在搁板上有一根蒸汽管道通过。比拉尔斯想：莫非原因就在于此？

比拉尔斯立刻着手做了一个试验：他将一根拉得笔直的镍钛合金放在酒精灯上方，慢慢地加热。不一会儿，奇迹果然出现了：这根合金丝恢复了弯弯曲曲的样子。

看到这一切，比拉尔斯产生了很大的兴趣，为了更进一步验证这种镍钛合金丝有回复本来形状的性能，他又做了个更有趣的试验：先把那根合金丝弯制成一幅画，然后，再将它压成杂乱无章的样子。接下来，他又对

合金丝进行加热，合金丝便发出一种唑唑声，同时还像个调皮的娃娃弹跳了几下。顿时，那乱七八糟的合金丝又恢复成原来的模样，形成了一幅美丽而抽象的山水画。

又经过大量试验，比拉尔斯终于发现镍钛合金与一般金属的不同之处，就是它有一种奇怪的"记忆力"，无论千变万化，它都能记得原来的形状。这奇妙的发现，为创造新型金属材料打下了基础。

比拉尔斯这一发现，引起了世界上许多科学家的兴趣和极大关注，他们根据比拉尔斯的成果，很快研制出十多种有记忆能力的新型合金，其中有金镉、钛钴、钛铁等。这些记忆合金的用处非常大，比如飞机的液压系统中，在常温下把接头的内径做成比被接管的外径小，用外力使接头的内径大于被接管子的外径。需要用时，只要把两根要接的管子的端部套入接头内，到一定的温度，接头的记忆便开始起作用了，很快就恢复到原来的样子，使内径缩小到本来的尺寸，这样，接头与管子之间便牢不可破地连

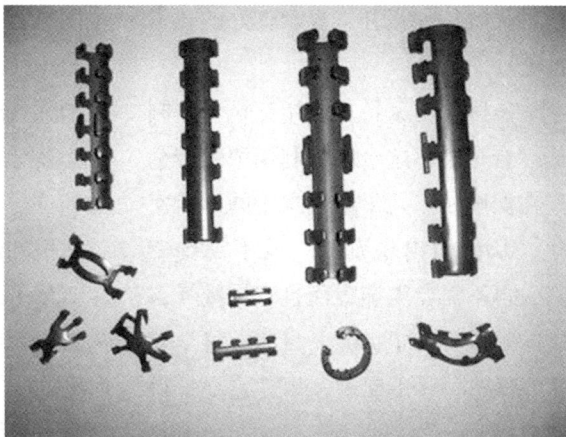

**记忆合金抓握式接骨板**

接在一起。

除了飞机，记忆合金在空间技术上也得到广泛的应用。比如我们想在月球上建立自动科学站，科学站要不断地向地球发布信息和指令，那就得在月球上架设天线。这种天线像一把张开的伞，这种伞所占空间很大。如此巨大的伞根本无法用宇宙飞船送上天，但有了镍钛记忆合金就不难了，只需要把它冷却到一定温度，使材料变"软"，再用外力把展开的天线折成跟小球一样大小。上了月球后，太阳光一照，弯曲的小球受热，"记忆"又使它迅速恢复到原来的形状。

1969年7月16日，美国"阿波罗"号宇宙飞船曾经将这种天线带到月球上。在月球上，宇航员取出一包天线，放在洒满阳光的月球上，结果

这种天线徐徐张开，显示良好的技术性能。

美国发明家特克拉用记忆合金制成一台热机。这台热机利用记忆合金丝在温度相差几十度的水中的形状变化，从而输出功率。它既不需要燃料，也不需要电能，而且不排废气，它的问世轰动了世界。目前，科学家正在做进一步的研究，以使它早日得到应用。

此外，记忆合金还被用于制作自动调节电流的开关，能感受冷热的机械手等。

## 神奇的蓝牙技术

所谓蓝牙技术，实际上是一种短距离的无线电技术。利用这种"蓝牙"技术，能够有效地简化掌上电脑、笔记本电脑和移动电话手机等移动通信终端设备之间的通信，也能够成功地简化以上这些设备与因特网之间的通信，从而使这些现代通信设备与因特网之间的数据传输变得更加迅速而高效，为无线通信拓宽道路。

说得简洁一点，就是蓝牙技术使得现代一些轻易携带的移动通信设备和电脑设备，不必借助电缆就能联网，实现无线上因特网。其实际应用范围还可以拓展到各种家电产品、消费电子产品等信息家电，组成一个巨大的无线通信网络。

蓝牙，这个名称来自于第十世纪的一位丹麦国王哈拉尔德的别名，在英文里的意思可以被解释为Bluetooth（蓝牙）。哈拉尔德国王依靠出色的沟通能力，使丹麦归于统一。因其平时喜欢吃蓝莓而"长有"一口蓝色的牙齿。科研人员在行业协会的筹备阶段，需要一个极具有表现力的名字来命名这项高新技术。行业组织人员在经过一夜关于欧洲历史和未来无限技术发展的讨论后，有些人认为用国王的名字命名再合适不过了。国王将现在的挪威、瑞典和丹麦统一起来；他的口齿伶俐，善于交际，就如同这项即将面世的技术，技术将被定义为允许不同工业领域之间的协调工作，保持着各个系统领域之间的良好交流，例如计算、手机和汽车行业之间的工作。蓝牙的名字于是就这么定下来了。

蓝牙设备使用全球通行的、不需要申请许可的2.45GHz的频段，因此在办公室、家庭和旅途中，也不需要在任何电子设备之间布设专用的线缆和连接器。通过蓝牙遥控装置，还可以形成一点到多点的连接，即在该装置周围组成一个"微网"，网内任何蓝牙收发器都可与该装置互通信号。而且，这种连接无需复杂的软件支持，它收发信号的有效范围一般在10米左右，强的甚至可以达到100米。

蓝牙技术具有诸多的技术优势，尤其是蓝牙无线技术规格供全球的成员公司免费使用。许多行业的制造商都积极在其产品中实施这项技术，以减少使用零乱的电线，实现无缝连接、流传输立体声、传输数据或进行语音通信。蓝牙技术在2.4GHz波段运行，该波段是一种无需申请许可证的工业、科技、医学无线电波段。正因如此，使用蓝牙技术不需要支付任何费用。

其次，蓝牙技术还得到了空前广泛的应用，集成该技术的产品从手机、汽车到医疗设备，使用该技术的用户从消费者、工业市场到企业等等，不一而足。低功耗，小体积及低成本的芯片解决方案使得蓝牙技术甚至可应用于极微小的设备中。

另外，蓝牙技术还是一项即时技术，不要求固定的基础设施，而且容易安装和设置，不需要电缆即可实现连接。新用户使用也不费力，只需拥

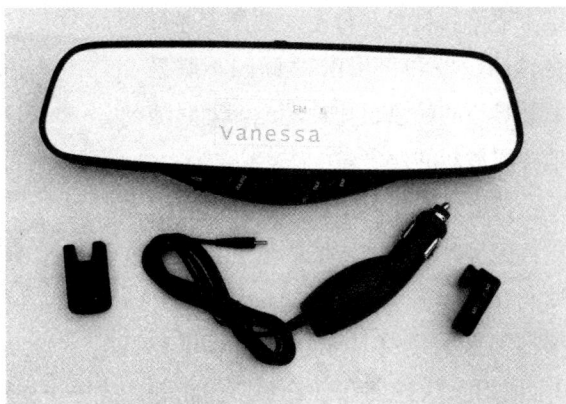

汽车蓝牙后视镜

有蓝牙品牌的产品，检查可用的配置文件，将其连接至使用同一配置文件的另一蓝牙设备即可。后续的PIN码流程就如同在ATM机器上操作一样简单。外出时，还可以随身带上个人局域网，甚至可以与其他网络连接。

总之，蓝牙无线技术是当今市场上支持范围最广泛、功能最丰富且安全的无线标准。

蓝牙技术在家庭、工作、娱乐等方面都具有广泛的应用价值。

在现代技术的帮助下，越来越多的人开始在家里办公，生活也变得更加随意而高效。通过使用蓝牙技术产品，人们可以免除居家办公电缆缠绕的苦恼。鼠标、键盘、打印机、笔记本电脑、耳机以及扬声器等，都可以在PC环境中无线使用。这不仅增加了办公区域的美感，还为室内装饰提

供了更多的创意和自由。此外，通过在移动设备和家用PC之间同步联系人和日历的信息，用户还能够随时随地存取最新的信息。

蓝牙设备不仅能使居家办公变得更加轻松，还能使家庭娱乐变得更加便利，比如主人可以不必撇开客人，单独离开去选择音乐，而是可以在9米以内无线控制存储在PC或Apple iPod上的音频文件。另外，蓝牙技术还可以用在适配器中，允许人们从相机、手机、电脑上向电视发送照片。

在工作中，蓝牙技术同样可以发挥巨大的作用。过去的办公室，总会因各种电线纠缠不清而非常混乱。而如今，通过蓝牙无线技术，办公室里再也看不到凌乱的电线，整个办公室也像一台机器一样有条不紊地高效运作。PDA可与计算机同步以共享日历和联系人列表，外围设备可直接与计算机通信，员工可通过蓝牙耳机在整个办公室内行走时接听电话，所有这些都无需电线连接。

另外，无论是在一个未联网的房间里工作，还是试图召开热情互动的会议，蓝牙无线技术都可以帮助我们轻松开展会议、提高效率并增进创造性协作。目前，市场上许多产品都支持通过蓝牙连接从一个设备向另一个设备无线传输文件。

蓝牙鼠标

与此同时，蓝牙技术还能很好地为人们提供在途中访问重要信息或通信的个人连接能力。具有蓝牙技术的手机、PDA、膝上型计算机、耳机和汽车等，都能够在旅途中实现免提通信，让用户身处热点或有线宽带连接范围之外仍能保持网络连接，以及在PC和移动设备之间同步联系人和日历条目以访问重要信息。

此外，不管是在等待公共汽车还是乘坐火车，人们都可以使用蓝牙技术打发时间。对于装有游戏的设备，可以搜索启用类似设置的设备来进行多人游戏。使用在蓝牙电话上运行的软件应用程序，查找身边有相同兴趣的其他人，或只是用于识别那些在日常路线上遇到的蓝牙设备，看看那些经常与我们擦身而过的"熟悉的陌生人"。通过蓝牙技术，向启用类似设置的手机发送消息，结交新朋友，扩大社交网络。

## 磁悬浮列车的出现

磁悬浮列车，是一种没有车轮的陆上无接触式有轨交通工具，时速可达到500千米。它能利用常导或超导电磁铁与感应磁场之间产生相互吸引或排斥力，使列车"悬浮"在轨道后或下面，进行无摩擦的运行，从而克服了传统列车车轨粘着限制、机械噪声和磨损等问题，并且具有启动、停车快和爬坡能力强等优点。

19世纪初，俄国托木斯克工艺学院的一位教授曾根据电磁作用原理，设计并制成一个磁垫列车的模型。这种模型在行驶时，可以不与铁轨直接接触，而是利用电磁排斥力使车辆悬浮起来，与铁轨脱离，并用电动机驱动车辆快速前进。

1960年，美国科学家又提出了磁悬浮列车的设计，并利用强大的磁场将列车提升至离轨几十毫米，以时速300千米行驶而不与轨道发生摩擦。遗憾的是，他们的设计没有被美国政府所重视，而是被德国和日本捷足先登了。

1969年，世界上第一列磁悬浮列车小型模型在德国出现了。列车像一条蛟龙一样，静静地卧在高高架起的"T"字形车轨上。乘客可以通过舷梯走进车厢，车厢里非常宽敞，中间是走道，两边各有3个座位。有的座位前有小桌，小桌旁有电源插座，可接通便捷式电脑在车上办公。

列车几乎是在没有噪音的状态下平稳启动的。在时速222千米时，列车进入了一个弯道。在时速320千米时，列车开始不减速爬坡。时速达到400千米时，车厢内依然相当平稳。

在德国磁悬浮列车试验成功后，日、英、美等国也紧随其后，开始了磁悬浮列车的研究。1984年，英国在伯明翰建成低速磁力悬浮式铁路，并很快投入使用。这辆磁浮列车由一台异步线性电动机驱动，运行时高出轨面15毫米。它由两节车厢组成，每节车厢能载40名乘客。列车上无驾驶员，由计算机自动控制。

其实磁悬浮列车的原理并不深奥，就是运用磁铁"同性相斥，异性相吸"的性质，使磁铁抗拒地心引力，即"磁性悬浮"。科学家将"磁性悬浮"这种原理运用在铁路运输系统上，使列车完全脱离轨道而悬浮行驶，成为"无轮"列车，也称之为"磁垫车"。

由于磁铁有同性相斥和异性相吸两种形式，因此磁悬浮列车也有两种相应的形式：一种是利用磁铁同性相

**上海磁悬浮列车**

斥的原理设计的电磁运行系统的磁悬浮列车，它利用车上超导体电磁铁形成的磁场与轨道上线圈形成的磁场之间所产生的相斥力，使车体悬浮运行的铁路；另一种是利用磁铁异性相吸原理设计的电动力运行系统的磁悬浮列车，它是在车体底部及两侧倒转向上的顶部安装磁铁，在"T"形导轨的上方和伸臂部分下方分别设反作用板和感应钢板，控制电磁铁的电流，使电磁铁和导轨间保持10~15毫米的间隙，并让导轨钢板的吸引力与车辆的重力平衡，从而使车体悬浮于车道的导轨面上运行。

简单地说，就是在位于轨道两侧的线圈里流动的交流电，将线圈变为电磁体。由于它与列车上超导电磁体的相互作用，使得列车运行起来。列车前进，是由于列车头部的电磁体（N极）被安装在靠前一点的轨道上的电磁体（S极）所吸引，且同时又被安装在轨道上稍后一点的电磁体（N极）所排斥。当列车前进时，线圈里流动的电流流向就反转过来了，其结果就是原来那个S极线圈现在变为N极线圈了；反之亦然。这样，列车在电磁极性的转换作用下，就会持续向前奔驰。

磁悬浮列车与当今的高速列车相比，具有许多无可比拟的优点：由于磁悬浮列车是在轨道上行驶，导轨与机车之间不存在任何实际的接触，成为"无轮"状态，因此它几乎没有轮、轨之间的摩擦，时速高达几百千米；磁悬浮列车可靠性大，维修简便，成本低，能源消耗量仅为汽车的一半、飞机的1／4；噪音小，当磁悬浮列车时速达300千米以上时，声音仅相当于一个人大声地说话，比汽车驶过的声音还小；由于它以电为动力，在轨道沿线不会排放废气，无污染，因此又是一种名副其实的绿色交通工具。

不过，磁悬浮列出也有缺点，那就是车厢不能变轨，不像轨道列车可以从一条铁轨借助道岔进入另一铁轨。这样一来，如果是两条轨道双向通行，一条轨道上的列车只能从一个终点驶向对方终点，然后再原路返回，不像轨道列车可以换轨到另一轨道返回。因此，一条轨道只能容纳一列列车往返运行，很浪费。而且磁悬浮轨道越长，使用效率越低。

## 从白炽灯到日光灯

1879年，美国著名的科学家爱迪生发明了白炽灯，从此结束了人类生活在"黑暗"中的历史。同时，许多科学家发现白炽灯有明显的不足：它只利用电能的10%～20%，其余的80%～90%的电能以热损耗的形式被浪费掉。

有的科学家提出了新的想法：白炽灯靠电流加热，使热能转换为光能，这种利用形式太浪费电能了，能不能开辟一条电能利用的新途径呢？

科学家黑维特就有这种想法。他开始默默地扎在实验室里。他将耐热玻璃制成灯管，抽出灯管内的空气，然后往灯管内充入各种金属和气体，反复进行比较。

1902年，黑维特发明了水银灯。这种水银灯是在真空的灯管中，充入水银和少量氩气。通电后，水银蒸发，受电子激发而发光。水银灯比白炽灯亮多了，光线近似太阳光，能量利用率也较高。

但是，水银灯会辐射出大量紫外线，对人体有害。水银灯光线又太亮、太刺眼，因此，它不能得到广泛应用。

如何改进水银灯，使它更为实用呢？一时间，许多科学家潜心于水银灯的研究。他们认定沿着水银灯的思路研究下去，终究会成功的。

不少科学家注意到：早在1852

年，英国物理学家斯托克斯发现了一种碰到光就能产生另一种光的荧光物质，并且经这种荧光物质转换后的光的波长远比外来光的波长要长。

科学家们立刻联想到了水银灯的弊端："既然紫外线比可见光的波长短，用紫外线去照射荧光物质，肯定可以得到比紫外线的波长要长得多的可见光！"

这可是个极有价值的推测，它意味着大量有害的紫外线将变成可见光。具体来说，只要在水银管内壁涂上荧光物质，当水银灯辐射的紫外线照到物质上时，就会被激发变成可见光。

有了这么一个明确的理论指导，按理说，水银灯的改进工作应该有个飞跃了。然而，科学家在实际的操作过程中却屡屡失败。经过认真分析探讨，科学家认定原来的推测没有错，关键问题是技术上没有过关。也就是说，水银灯的启动装置不理想。可要制作一个理想的启动装置谈何容易！水银灯的改进工作陷入了艰难阶段。

1910年，法国科学家注意到莫尔在1895年做的一个实验。在这个试验中，莫尔在抽掉空气的玻璃灯管中，充入少量的二氧化碳，然后给以高压，使它放电，结果灯管发出白光。克劳特根据莫尔的实验，在抽掉空气

的玻璃灯管中，分别充入氖、氩、氦等惰性气体。他发现，充入氖气，灯管会发出红橙色的光；充入氖和氩的混合气，灯管会发出蓝色的光；充入氖和水银的混合气，灯管会发出绿色的光；充入氦气，灯管会发出金黄色的光。如果在管内壁涂不同的荧光物质，灯光的色彩将更丰富。

克劳特惊喜万分："这是多么奇妙的现象啊！"

克劳特根据这种灯光的特殊性能，制作了一幅宣传广告：红色的花朵，绿色的叶子，黄色的文字。他把这个广告挂在法国巴黎的闹市区，夜晚，这张广告发出五彩缤纷的灯光，显得格外醒目。

克劳特获得了霓虹灯的发明专利，并成立了"克劳特霓虹灯公司"，结果发了大财。直到1932年，克劳特专利权到期，从此，世界各地才开始广泛生产霓虹灯。

虽然霓虹灯亮度不够，不能作为照明用，只能用它丰富的灯光色彩做广告，但它再一次证明：不采用爱迪生的使用电变为热，热再变为光的方法，而采用一条更经济地利用电能的途径完全可行。也就是说，水银灯的进一步研制、改进是大有前途的。这给了科学家们极大的信心。

美国通用电子公司的研究人员伊

曼和其他科学家一样，从霓虹灯的亮光中，看到了光明的前途。他加快了研制步伐。终于在1938年，突破了启动装置的设计与制作大关，制作了与水银灯性能截然不同的荧光灯。

这种荧光灯是在一根玻璃管内，充进一定量的水银，管的内壁有荧光粉，管的两端各有一个灯丝做电极。它的工作原理是：通电后，水银蒸气放电，同时产生紫外线，紫外线激发管内壁的荧光物质而发出可见光。这样，荧光灯就没有水银灯的弊端，它比白炽灯更亮，而且电能利用率更高、省电。因此，它一诞生，便很快进入了一般家庭。

由于荧光的成分与日光相似，因此人们也叫它"日光灯"。

## 燃料电池

燃料电池，是一种将燃料的化学能直接转换成电能的装置。当燃料和空气被分别送入燃料电池，电就被奇妙地生产出来了。与传统电池相比，燃料电池更干净、更高效率，而且无噪音，还不需要充电。类似于内燃机，燃料电池需要用燃料作为能源，可以用氢当作燃料，也可以添加一个氢变换器，直接用甲醇、天然气，甚至汽油、柴油、煤等作燃料。由于燃料电池直接将燃料的化学能转变为电能，因此能源效率高达80%（电能加热能），而且还没有内燃机的燃烧过程、相关的传动部件以及造成的污染等。

近些年来，由于一次性能源的匮乏，以及公众对环境保护的日益关注，开发利用新的清洁再生能源呼声也越来越高，而燃料电池就成为再生新能源中的代表了。20世纪90年代，美国戴姆勒—克莱斯勒公司的甲醇改质型燃料电池汽车从旧金山出发，成功横穿了北美大陆，16天后平安抵达华盛顿特区。这是燃料电池汽车首次成功横穿北美大陆，行驶距离为5250千米，最高时速达到145千米。

事实上，燃料电池早就不是什么新鲜的玩意了。早在1839年，英国人格罗夫就提出了氢和氧反应可以发电的原理，这就是最早的氢—氧燃料电池。

燃料电池属于一种化学电池，它将氢氧发生化学反应时释出的能量直接变换为电能。从这一点看，它与其他化学电池如锰干电池、铅蓄电池等，都是相似的。但是，它在工作时，需要被连续地供给活物质（起反应的物质）——燃料和氧化剂，这又与其他普通化学电池不大一样。由于

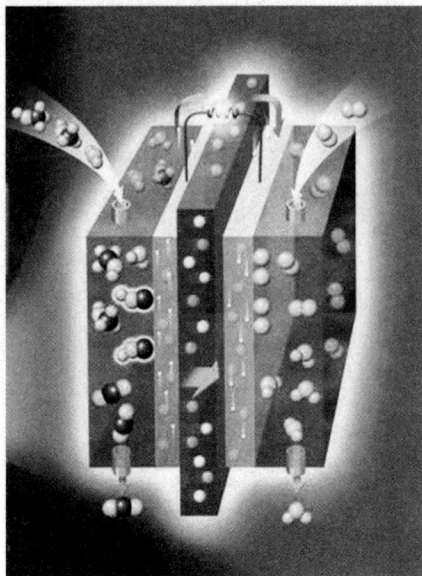

**燃料电池原理**

它是把燃料通过化学反应释出的能量变为电能输出的，所以也就被称为燃料电池。燃料电池主要由三个主要部分组成，即燃料电池电堆、燃料供给系统、稳压整流系统及系统状态监控系统。

燃料电池是利用水的电解逆反应的"发电机"，由正极、负极和夹在正负极中间的电解质膜组成。开始时，电解质膜是利用电解质渗入多孔的板形成，现在正发展为直接使用固体的电解质，即质子交换膜来形成。燃料电池工作时，外界需要向负极供给燃料（氢），向正极供给氧化剂（空气）。氢在负极分解成正离子 $H^+$ 和电子 $e^-$。氢离子会进入电解液

中，而电子则沿外部电路移向正极，用电的负载就接在外部电路中。在正极上，空气中的氧同电解液中的氢离子吸收抵达正极上的电子形成水，这也正是水的电解反应的逆过程。利用这个原理，燃料电池就可以在工作时源源不断地向外部输电了，所以它也被称为一种"发电机"。

这种装置的最大特点是由于反应过程中不涉及到燃烧，能量转换率高达60%～80%，实际使用效率则是普通内燃机的2～3倍。另外，它还具有燃料多样化、排气干净、噪音低、对环境污染小、可靠性及维修性好等优点。

20世纪60年代初，由于航天和国防的需要，液氢和液氧的小型燃料电池才逐渐被开发出来，并应用于空间飞行和潜水艇。如今，因为燃料电池的优点诸多，它不仅被用于国防事业，还被用于各种高新科技的产品当中。

日本在研究可携式燃料电池方面，取得了不错的成果，至今已有20多种产品问世。他们推出的使用燃料电池的笔记本电脑，工作时间可达20小时以上，是配有锂电池的笔记本的使用时间的3～4倍。而日本最大的手机制造商——NEC公司，也已研制成功使用甲醇和纳米技术的燃料电池。

如果将这种电池放置到手机当中，那么用户在一个月内都无需对手机进行充电。

由于燃料电池的成本太高，所以目前还没有进入商业化阶段。例如，现在制造一辆燃料电池车的花费大约是普通内燃机汽车成本的100倍。即使是那些小批量生产的车型，所花费的成本也是普通汽车的10倍左右。针对这些问题，科学家们一边努力地寻找解决的方法，一边继续研究可替代的更廉价的反应物质。

2004年，美国科学家声称他们开发出了一种高效能的微生物燃料电池，使细菌能从有机废水中产生大量的氢，其氢产率是传统发酵过程的4倍。这种微生物燃料电池不仅能够产生氢作为清洁能源，还可以同时净化有机废水。

目前，在处理有机废水的发酵过程中，细菌只能将废水中所含有机物不完全地分解，反应只能产生少量氢，科学家将细菌无法继续反应的阶段称为"发酵障碍"。但是，如果在反应中人为地给细菌加上0.25伏的电"刺激"，那么就可以克服"发酵障碍"这一过程了，从而使细菌将反应进行到底。而在细菌分解有机物时，将电子传送到电池的阳极，同时将质子传送到电池阴极，用导线在电池之外将两个电极连接起来，质子和电子结合就可以产生氢，反应的最终产物还有水和二氧化碳。

不过，这种方法是否值得推广？它的寿命又如何？科学家目前还在探索。也许未来的几十年后，燃料电池将不再仅仅存在于实验室和研究中心，而是进入人类的日常生活当中。我们万分期待这种清洁再生的能源时代早日到来。

## 发明粒子对撞机

粒子对撞机，是在高能同步加速器基础上发展起来的一种装置，主要作用是积累并加速相继由前级加速器注入的两束粒子流，到一定强度及能量时使其进行对撞，以产生足够高的反应能量。

粒子物理学是探索物质结构的基本组成成分、性质以及它们之间相互作用规律的物理学前沿学科。由于这种研究需要借助高能实验手段，因此粒子物理也被称为"高能物理"。研究物质及其作用和基本规律的物理学，也是自然科学各个学科的重要基础。

而粒子对撞机的实验结果是十分激动人心的，它可以模拟宇宙大爆炸最初的情况，并可能使人们第一次观察到夸克—胶子等离子体及解除夸克的禁闭，诸多的"粒子工厂"会提供高精度的实验室，对标准模型进行更精确的检验，研究粒子—反粒子变换及宇称联合反演破坏的规律，寻找标准模型以外的新现象。

纽约国家实验室价值6亿美元的相对重离子对撞机，是目前世界上功率最大的一台对撞机。它由两台大型超导直线加速器组成，分别将正负电子加速到2500亿电子伏特的能量，质心系能量达到5000亿电子伏特，以后还可以扩展到10000亿电子伏特，建造在总长约340千米的地下隧道里。由电子枪产生的电子和由电子打靶产生的正电子，在加速器里加速，然后输入到储存环。正负电子在储存环里可以以接近光的速度相向运动、回旋、加速，并以125万次／秒的频率不断地进行对撞。其中，有物理研究价值的对撞反应每秒只有几次。科学家就通过对这些数据的分析，进一步认识粒子的性质，从而揭示出微观世界的奥秘。

2003年6月，美国"对撞试验"成功。这也是人类历史上第一次粒子对撞，同时也开创了原子物质研究的新纪元。此次实验是要在接近光速的情况下（光速的99.95％），使金原子核对撞，从而产生高达1万亿摄氏度的高温。这个温度是太阳温度的1万倍。

在如此高温的条件下，原子核内的质子和中子将会融化为夸克等离子体。就如同水在不同高温下由固体变为液体，再由液体变为气体一样。"夸克"是20世纪60年代物理界提出的一个概念。有些物理学家还认为，物质内部的质子和中子都是由夸克组成的，而夸克是由一种被称为胶子的粒子组成的。

在这以前，物理学家还提出一种理论，认为在宇宙起源的第一个百万分之一秒时，整个宇宙都是由夸克和胶子的混合物组成的。而这一次粒子对撞，也让人类第一次亲眼目睹了这样的景象。负责该项目的科学家称，此次实验的目的是制造为时仅为百万兆分之一秒的夸克—胶子等离子体，随后该等离子体又变为普通的物质。他们希望通过对这一过程的观察来寻找物质组成的根本原因。虽然对撞实验已取得初步成果，但它一直面对的众多争议还在继续纠缠。

一位名叫沃尔特·瓦格纳的人写信给纽约国家实验室，询问夸克—胶子等离子体的形成是否会造成蚕食地球的黑洞。为此，国家实验室专门邀请了一些知名物

大型离子对撞机

理学家，组成了一个专家小组，负责对潜在的危险进行调查。通过调查后，专家们否定了存在危险的可能。2003年6月，该实验小组终于被批准进行对撞实验。然而在这种情况下，瓦格纳还在继续寻求法律方面的支持来阻止这项实验。

对撞实验的成功，突破了现有的环形对撞机的能量上限，产生了更高能量的粒子。但是，在绝大部分物理问题被解决后，还有这样一些问题等待科学家们去回答，比如，宇宙是否存在尚未被发现的新自然规律，如新的对称规则和物理定律是否存在四维以外的更高维空间？而要了解这么深

层的微观世界，就需要用高能加速器产生高能量的粒子，以做研究之用。这将有助于揭开许多谜底，包括关于宇宙的最大的一个谜——暗物质。

2008年9月11日，世界上最大的粒子碰撞试验首次大型测试成功完成——一个质子束沿着欧洲大型强子对撞机27千米长的轨道完整运行了一周。科学家认为，这是人类理解宇宙组成的重要一步。

据报道，试验在位于瑞士和法国边境的欧洲核研究中心中完成。研究人员于瑞士当地时间上午9点32分左右将质子束注入加速器中。在一系列测试后，计算机屏幕上亮起两个白

点，标志着质子光束在价值38亿美元的大型强子对撞机轨道中完整地运行了一周。试验负责人随后宣布质子运行正常。

在这次对撞测试中，粒子束运行方向为顺时针。欧洲核研究中心计划下一步进行逆时针方向的粒子加速测试。而在最终将要进行的试验中，两个方向相反的粒子束将进行对撞。

在这以前，曾有人担心质子碰撞将会带来世界末日。这些人认为，高速粒子流对撞产生的巨大能量会产生黑洞，瞬间吞噬地球。但是研究人员对此给予了否定，他们声明试验是绝对安全的。专家说，这次实验有可能发生的最危险事件是全速前进的粒子束失去控制，但即使是这种情况发生，也只是对加速器有所损坏。

大型强子对撞机是世界最大的粒子加速器，建于瑞士和法国边境地区地下100米深处的环形隧道中，隧道全长26.659千米。对撞机开足马力后，能把数以百万计的粒子加速至将近每秒钟30万千米，相当于光速的99.99%。粒子流每秒可在隧道内运行11245圈，单束粒子流能量可达7万亿电子伏特。

据介绍，这项试验由欧洲核研究中心的20个欧洲成员国组织，吸引了来自全世界80个国家的研究者。科学家希望，欧洲核研究中心的此次试验能揭示反物质和可能隐藏的多维空间和时间，并找到假定微粒希格斯玻色子的存在证据。由英国科学家彼得·希格斯假设出的"希格斯玻色子"，被认为是物质的质量之源，其他粒子在希格斯玻色子构成的"海洋"中游弋，受其作用而产生惯性，最终才有了质量。然而在粒子物理学标准模型所预言的62种基本粒子中，只有"希格斯玻色子"至今还没有发现。

## 生物计算机

生物计算机是一种有机分子取代半导体元件而制造的新型计算机。

有人说，生物计算机的产生来源于蝙蝠的启示，你相信吗？

1964年，生产的第一台计算机是一个体积达90多立方米、重量达30多吨的庞然大物。后来，由于小规模集成电路、大规模集成电路以及超大规模集成电路的不断发展，电子计算机的体积越来越小，但集成电路的难度越来越大，使电子计算机的持续微型化遇到困难。

科学家在研究蝙蝠的定向原理时，发现蝙蝠体内有一套精密的超声波发射和接收系统，正是靠着它的这套超声波系统，才使蝙蝠在黑暗的夜空自由飞翔、捕捉食物。而人类要制造这样一种超定向仪，其体积要比蝙蝠大许多倍。科学家们在想，生物体部件具有如此的高效性和超小性是否能用有机部件来制造计算机呢？

科学家们并不是空想。一场紧锣密鼓的计算机攻坚战从此开始了。

1983年11月，美国国家科学基金会邀请近40位不同学科的科学家，就制造生物计算机的可能性进行了讨论。这次会议像一种高效催化剂一样，大大推动了生物计算机的研究。之后，美国成立了许多跨学科的生物计算机研制小组；日本在通产省和未来电子仪器科研协会的大力支持下，也开展了大量的研究工作；英国在1987年，不列颠科研研究会、不列颠商业和工业以及许多电子公司等，拨专款3000万英镑，用以开展生物计算机的研制工作。其他许多国家也都制订了自己的发展规划，迎接生物计算机的早日问世。

大家知道，电子计算机最基本的部件调回开关元件，正是千千万万只开关组成的电路，才使电子计算机显示出各种奇妙的功能。电子计算机传递信息的"语言"归根到底只有"0"和"1"两种，即形象地"开"

与"关"。而某些有机分子，如一些半醌类有机化合物和蛋白质也具有"开""关"功能。从理论上讲，人类能够利用这些有机分子取代电子元件，制造出新型计算机，这便是科学家们正在沿着传统数字式计算机技术研制的一种生物计算机。

现代半导体超大规模集成电路的体积已经达到1微米，很难再缩小了。这意味着，继续提高集成度以及相应计算机的存储量和运算速度，将十分困难。用有机分子制成的分子超大规模集成电路组元的密集度将是现代半导体集成电路的10万倍，有机分子逻辑元件的开关速度比目前以毫微秒（$10^{-9}$秒）计的硅元件高1000倍。可喜的是一些生物结构元件已经研制成功。例如，一种卟啉巨坏分子连接3个有机染料分子组成的生物元件，其中有一个分子吸收蓝激光，另一个分子吸收绿激光，这两个分子可作为元件的"输入口"。第三个分子就是元件的"输出口"。当作为"输入口"的两个分子受蓝激光和绿激光照射时，即从卟啉巨坏分子中夺取电子，而第三个染料分子吸收光谱发生偏移，从而阻止红激光通过。这样，它们便可作为"非—与"逻辑元件而进行工作。科学家们打算进一步把48个这样的"元件"连在一起，制成1

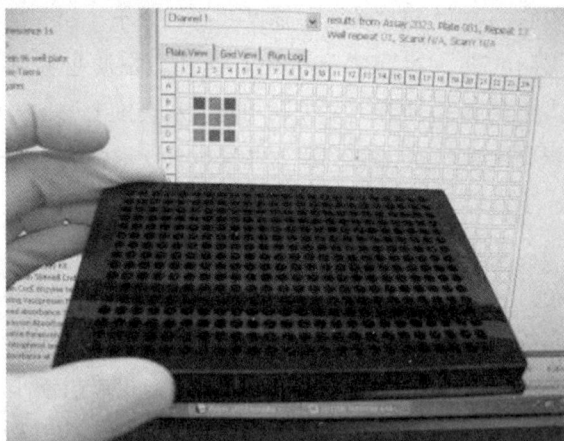

美国加州理工学院研制出一种RNA计算机，它的核心是核酶——能够催化改变其他分子的短结构RNA分子

比特（计算机中二进位制信息量单位）加法器，用于计算机中。

再如，日本索尼公司研制成功的一种由8层色素组成的多层光膜，可作为生物计算机的光学存储器。在一定条件下，每层色素只吸收一种波长的射线，实现信息的记录。这种光膜的每个点都能记录8比特（一个2进位组）信息量，可使记录密度和读出速度提高7倍。

另外一种模拟生物活体的生物计算机，也正在研究之中。科学家希望能模拟人的免疫系统原理，产生生物计算机。

当大量病原菌侵入血液时，在血细胞内外会引发一连串防御性免疫化学反应。有人提出，可以把免疫系统看作一台自适应式并行计算机。这种生物计算机的信号处理不是一位接一位地依次进行，而是蛋白质分子根据表面的空间结构来识别自己周围的其他分子。生物计算机的运算过程，就是蛋白质分子与周围物理化学介质的相互作用过程。不过，其转换开关是由生物体内的酶来充当的。

每一种蛋白质只能识别一种类型的分子，并改变它们的状态，在严格限定的位置上联成新的或者打破现有的化学键。蛋白酶只能和几何模型打交道，与逻辑模型不相干，能出色地完成专一"识别"过程。

生物计算机具有许多明显的优点：

（1）体积小，功效高。以分子水平的线路为目标的生物化学元件的线度可达到几百埃（1埃=$10^{-10}$米），1平方毫米的面积上可容纳数亿个电路，比目前的电子计算机提高上百倍。

（2）生物化学元件靠化学反应工作。只需很少能量就能工作，不存在发热问题。

（3）具有生物固有的自我修复机能，即使芯片出了故障，也能自我修复，所以，生物计算机具有永久性，可靠性很高。

生物计算机的问世，将会促进人类社会的进步。

## 绿色能源——生物燃料

燃料是人类日常生活离不开的。可是，当今世界随着经济的发展，人口的增加，地球的污染率逐渐扩大，其中燃料造成的污染占极大的比例。

目前，常用的燃料是煤、石油和天然气。燃烧煤和石油所排放的废气，是污染大气环境、造成酸雨形成的根本原因。

我国是世界上第一产煤大国，年产原煤11.4亿吨，占全国能源总产量的74%，在全国能源消耗中占76%。没有经过处理的煤直接燃烧，必然成为最大的大气污染源。因此，开发清洁能源势在必行。

在英国，农民每年生产水稻留下1000万吨稻草，而农民只需400万吨作动物饲料或给牲畜垫圈用，其余的600万吨必须就地翻耕到土壤中作肥料，或作为燃料直接烧掉。但在欧洲国家，为保护环境，禁止直接燃烧稻草等农业废弃物。因此，需要寻找利用农业肥料的新技术。

为此，科学家们利用生物技术，开发出一种新型的燃料——"生物燃料"。它可通过生物技术，特别是微生物技术大量生产，不受季节限制，原料来源广泛，并且它的用途广泛，利用方便，对生态环境不造成污染，有利于人类生存和发展。

1994年4月2日的英国《新科学家》周刊报道，伦敦因皮里尔学院的一个科研小组，用一种基因工程细菌把稻草和玉米棒子等一类农业废料变成酒精，代替汽油作能源。目前，他们开发的这一技术已获得了专利。

在过去，人们试图用酵母发酵来生产酒精，但此法生产费用高。因为要获得没有酵母细胞的酒精很困难，而纯化酒精很费钱，所以，用这种方法生产的酒精用作汽车等运输工具的燃料是不经济的。而用基因工程细菌将植物材料转变为酒精的新技术，其产量比酵母生产酒精的产量高30%以上。

因皮里尔学院科研小组开发的这种工程细菌，可以把占植物1/3的半纤维素分解掉，产生酒精。而酵母则不能利用半纤维素，通常作为废渣处理掉。另外，这种工程菌在吸收植物原料时，可以产生足够多的热量，使

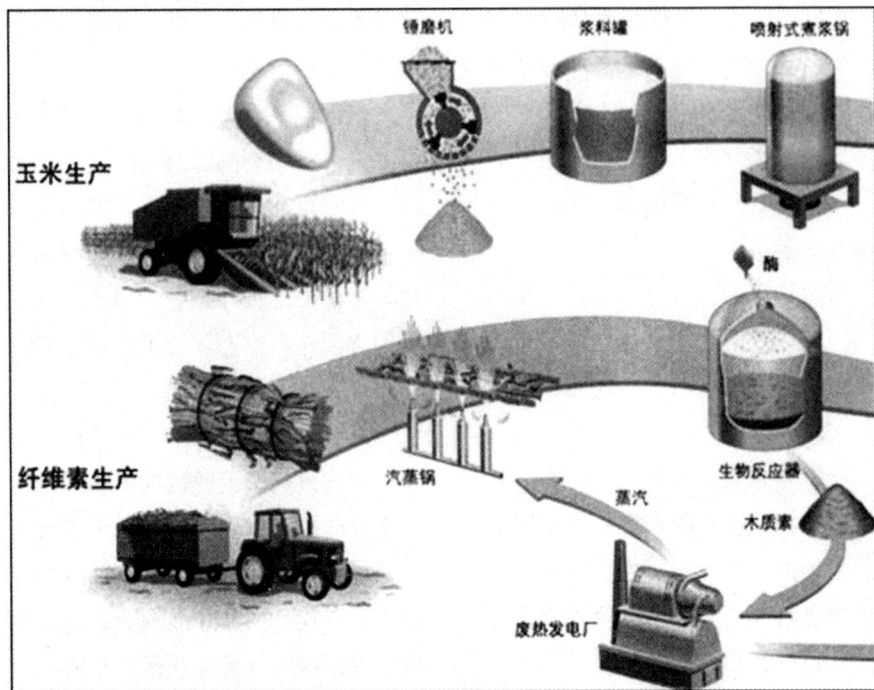

锤磨机　　　浆料罐　　　喷射式煮浆锅

玉米生产

酶

生物反应器

纤维素生产

汽蒸锅　　　蒸汽　　　木质素

废热发电厂

生物燃料制做过程

温度保持在70℃左右。这足以使生产出的酒精蒸发，从而可以用一个真空度适中的容器，连续地把蒸发出的酒精抽出，然后冷凝变成纯度高的酒精。

与此同时，世界上的很多国家都认识到了生物燃料的价值和巨大潜力。德国和加拿大正从油菜植物中研究开发生物能源，采用生物技术提高油菜籽芥酸的含量。加拿大构建的转基因油菜，能使菜籽油中的芥酸含量提高到90％以上。法国有一家公司在1995年建成一座年产量为25万吨的生物燃料工厂，1997年，年产量达到50万吨。其他的能源物质，特别是氢能，也有可能通过微生物发酵途径制取，这是未来开发洁净能源的方向。美国、法国等发达国家对此已表现出足够的重视。

我国生物燃料的研究刚刚起步，但在应用工程细菌使煤炭和石油脱硫方面，取得了一定的成就。我国选育的氧化亚铁硫杆菌，在试验阶段，使煤炭无机硫脱出率达95％以上，并且对工业排放的硫化氢毒性气体消除率达70％以上，还获得了纯度为95％的硫磺。这种细菌已显示了较好的应用前景，如果它能被广泛应用，我国环境的状况将大有改善。

生物燃料作为未来的能源的重要组成部分，以其"绿色"、无污染而倍受青睐。然而，一切生物燃料，只有降低成本，并具有高效性，才能在国际同行业的竞争中显示出优势。希望这种绿色燃料早日走入我们的生活。

## 点石成金

莫瓦桑本来是个药店的学徒，自从成功地分解出元素氟以后，他的名气大振，成为了法国著名的化学家。但是，到了20世纪的最后十年，他忽然又对人造金刚石发生了极大的兴趣，在化学界同仁们看来，这位刚登上化学殿堂的学徒，恐怕是有点不务正业。

可是，莫瓦桑却不这么想。金刚石是一种名贵的饰物，大颗的纯净金刚石给淑女们增添光彩；金刚石还是所有物质中硬度最大的一种，它已经在玻璃工业方面有巨大的实用价值，想必今后还会有更大作用。可惜天然的金刚石产量太少，产地狭窄，根本不能满足各方面的需要。能够用人工

制造出金刚石来，不就可能解决供求的紧张吗？莫瓦桑觉得自己这么做，是十分有意义的，他既然确定了目标，就决不会退缩。

莫瓦桑所以把本不属于自己专业的项目作为自己研究的内容，还有他另外的原因。当时人们已经知道，钻石和石墨其实是一种元素不同结构的表现。它们都是一种最基本的元素碳。在一定条件下都会氧化成二氧化碳。那么是什么条件使软软的石墨变成世界上最硬的金刚石呢？莫瓦桑要寻找的，正是如何使软软的石墨变得奇硬无比的办法。

一件新的科学发现最终促成莫瓦桑下定决心。人们在陨石里发现了石墨和炭，而天然金刚石里，也夹杂着炭和石墨。足见炭和石墨可以在一定条件下转化成金刚石。问题是如何给炭和石墨创造合适的转化条件。

要使炭或石墨变成结构独特的金刚石，要有十分强大的压力，压力之大令人咋舌。况且碳在一定温度时，就会因为跟氧化合而燃烧焚毁，因此在对碳加压时绝对不能存在氧气，否则会前功尽弃。要做到这两点，在当时确实是十分困难的，但莫瓦桑并没有因为困难而放弃自己的努力。

莫瓦桑采取各种办法对碳加压。挤压，不行；用炸药，也不行；撞

莫瓦桑

击，更达不到要求。必须找到压力更大的办法。他分析了一些金刚石矿的地形结构，了解到在筒状结构中，存在着突然变化的温差。于是，他想出了物质的热胀冷缩，这种特点是可以利用的。

于是，莫瓦桑设计了一个实验：他在石墨坩埚中把金属铁加热，使它熔化。然后，在熔化的铁液中掺入少量的碳，使碳跟铁液混合。在这种情况下，因为铁已经成为液态，它中间的碳并不会跟空气反应。

关键的时刻到了。莫瓦桑将坩埚里的通红的铁液一下子倒入冷水之中，水立即发出强烈的嘶嘶声，冒出一团团水蒸气。熔化的铁迅速降温，

由表及里，变成固体的铁，由于凝结的次序有先有后，表面的铁跟内核的铁发生不同的变化。

形成一团凝固的铁的过程中，核内含碳的铁在固化时会迅速地膨胀，但是，表面的铁因为汽化的水带走大量的热能，凝结得比核内的快得多，它已经不会膨胀，反而形成坚硬的外壳，并开始收缩。这相反的两股力量集合在一起，产生的压力非常大。核内的含碳的铁跟空气完全隔绝，产生金刚石的条件便产生了。

等铁完全冷却，莫瓦桑小心翼翼地把它敲碎，在金属铁中间，可以看到一颗颗细小的亮晶晶的结晶体。莫瓦桑估计它便是自己日思夜想得到的人造金刚石，于是，急急忙忙取出一些到实验室去检验。

检验的结果使莫瓦桑既高兴又有点失望。这些结晶体太小了，最大的直径也只有0.7毫米；它不像天然金

人造金刚石单晶

刚石那样闪烁着迷人的光泽，却微呈黑色，倒有点像它变化前的碳；它的硬度虽然比其他物质硬得多，却还达不到金刚石的硬度。

虽然这些微小的砂粒般的结晶体还不能像钻石一样，拿到市场上去拍卖，但用于加工业上，却可以派上用处了。用它来打磨任何物体，它的硬度绰绰有余，莫瓦桑决定把它提交给法国科学院，请他们给以详解。

1893年2月6日，法国科学院郑重地对莫瓦桑的论文进行了讨论。讨论一位化学家提出的、并非化学方面的论文，科学院还是第一次，因此各种意见一齐出现，争论非常激烈。肯定的意见看中它的实用价值，否定的意见则把它当做一位门外汉的胡闹。

但是，真理终于占了上风。在经过一连串的争论后，科学院最终还是肯定了莫瓦桑的创举，肯定贵重的宝石能以碳为原料，通过简单的方法制造出来。这一消息立即变成一条重要新闻，迅速传遍了全世界。

## 通信史上的里程碑——海底电缆的诞生

莫尔斯发明的有线电报，在世界上得到广泛应用，英国、美国、法国等国家电报通信发展更快。1850年，

英美两国政府决定在大西洋底敷设世界上第一条海底电缆，以实现欧洲与美洲之间的电报通信。它的工程巨大，敷设的电缆几千千米长，需要解决许多理论与技术上的问题。

英国著名科学家威廉·汤姆生被这一举世瞩目的工程吸引住了。他不是那种整天醉心于实验的科学家，更像一名工程师，喜欢实际的应用工程。

身为英国格拉斯大学教授的汤姆生，在研究电磁方面取得了非凡的成绩：他曾提出莱顿瓶放电振荡原理，还用数学方法推导出电振荡的方程和振荡频率的公式。他写的《瞬间电流》这篇论文是电磁学史上光彩夺目的篇章。他几乎步入了电磁理论大宫殿的门槛。但他没能迈出最后的一步，而向大西洋海底电缆工程发起冲击。

当汤姆生听说海底电缆具有信号延迟现象后，进行了深入研究。他意识到这是敷设长距离海底电缆成败的关键。因为电缆越长，信号延迟现象越严重，信号衰减和失真也越厉害，严重时甚至无法正常进行信号传递。

1855年，汤姆生找到了产生信号延迟、衰减、失真现象的原因，并想出了解决这些问题的办法，即增大铜线的截面积，加厚电缆的绝缘层以及

**威廉·汤姆生**

使用小电流。他的这个理论成为后来设计海底电缆工程的重要依据。

1858年，各项有关的准备工作就绪。汤姆生和许多技术工程人员一起投入海底电缆的沉放工作。可是，在电缆沉放过程中，当电缆沉放到330海里时，意外地发生断裂，第一次沉放失败了。

经过分析，原因是电缆表层强度不够。这个问题很好解决，而更大的问题是电缆终端的电信号太弱，现有的电报机很难接收到。为此，他决定先研制出高灵敏度的电报机。汤姆生一头扎进实验室，设计了许多方案，可都没有获得成功。

1858年初，一个阳光和煦的日子，对研制工作毫无进展而深感苦恼

的汤姆生，邀请了几位朋友去海滨游玩。其中有一位是德国著名物理学家赫尔姆霍斯。

正当大家兴致勃勃地登上租来的游艇准备启锚时，忽然，赫尔姆霍斯发现主人失踪了！赫尔姆霍斯到处寻找，忽然看到汤姆生正躲在船舱里，在他的小本子上画着设计图。赫尔姆霍斯决定要"报复"一下他的这位朋友。就从衣袋里掏出眼镜，对着太阳，将阳光反射到汤姆生的脸上。

正在聚精会神画着新型电报机设计图的汤姆生，只觉得脸上有一个亮点在晃动。他用手撩了一下，亮点仍在眼前晃动。他抬起头，看见赫尔姆霍斯正伏在甲板的挡板处，俏皮地望着他笑。

汤姆生这才想起今天自己是东道主。他正想站起来，向老朋友们道歉。忽然，他凝视着赫尔姆霍斯手中的眼镜片，接着狂喜地叫了起来："行了，行了，赫尔姆霍斯，我的发明就要成功了！"还没等大家弄清是怎么回事，汤姆生对大家说："对不起，失陪了。"说完便飞也似地跑回学校的实验室。

原来，汤姆生正在对一个电报机的设计图进行修改，正当他感到很难实现弱信号放大时，赫尔姆霍斯手中的镜片给了他启示。他想：镜子只要

**"大东方"号铺设大西洋海底电缆**

在手里稍微移动一点，远处的光点就会大幅度地跳动，这不是放大吗？根据这个放大原理，汤姆生发明了"镜式电流计电报机"。汤姆生一下就扫除了敷设海底电缆中最大的技术障碍。

1858年，大西洋海底电缆敷设成功了！在电缆接通一个多月后，因电缆制造不合要求而彻底损坏。1865年6月，第二条大西洋海底电缆，敷设到大西洋中部时又意外折断，坠进4000米的深渊。

三次的失败，耗费了大量的物力财力，许多投资者丧失了信心。他们牢骚满腹地说："把钱不声不响地扔进大西洋，只有傻瓜才会再干。"

汤姆生的心情非常沉重，他承受着巨大的压力，但他决不退缩。他向主要的投资者表示："再给我一次机会，我一定会成功。我相信大西洋阻挡不住人类的进步！"

汤姆生的精神感动了投资者。1866年4月，第四次海底电缆敷设工作又开始了。汤姆生心里明白：十年成败，在此一举。他格外地认真，哪怕一个小小的地方他都要亲自参与。

同年6月，大西洋海底电缆敷设获得圆满成功，它的成功是人类通信史上一座新的里程碑。由于汤姆生的伟大业绩，1866年，英国政府封汤姆生为爵士；1892年，又封他为"开尔文勋爵"。

## 三大有机合成技术的兴起

塑料、合成纤维和合成橡胶号称20世纪三大有机合成技术。它的登台大大地提高了国民生活水平，对国计民生的重要性是不言而喻的。

最早发现塑料的是19世纪末叶的德国化学家拜耳，他曾将苯酚跟甲醛化合，得到一种树脂般的物质。可惜，他不知道它能派什么用场。

1907年，美国工业化学家贝克兰再次研究苯酚与甲醛反应，并加入适量的填充剂，结果发现产品有韧性而且绝缘性能良好。于是，在1910年建成了年产1000吨的历史上第一家塑料制品厂。到1939年，产品发展到二十多万吨。虽然氯乙烯是1912年发现的，但使它成为塑料却是在1932年，是由英国卜内门公司生产的。1947年，美国化学家杰勒留和孔宁合成了聚苯乙烯。到20世纪50年代，德国化学家齐格勒和意大利化学家纳培发明了新的催化聚合剂，才把塑料制造业推向高峰。此后高性能的塑料品种如雨后春笋般出现，常见的有聚丙烯、ABS、聚砜、聚碳，不下数百种之

多。全世界的塑料年产量已超过6000万吨，等于木材和水泥的总产量。

至于合成纤维，最早是在改造天然纤维的基础上发展起来的。1855年，德国化学家安地玛首先用浓硝酸处理桑树枝得到一种纤维，可惜它易爆燃，未能应用。1884年，英国化学家斯温曾用硝酸与纤维合成得到"安全人造丝"，并于1889年在巴黎博览会展出，曾轰动一时。

1935年，美国化学家卡罗泽斯以己二醇和己二酸首先合成尼龙-66，推出世界上第一个人工合成的纤维。1937年，德国有机研究所又合成尼龙-6。1939年，日本化学家楼田一郎合成了能耐水耐热的尼龙纤维。1940年，英国化学家狄克逊合成涤纶纤维，当年即投产，产量达5万吨。如今，合成纤维产量日增，全世界年产量已达1500万吨，超过天然纤维的产量。

合成橡胶也是从模仿和改造天然橡胶开始的。1838年，美国工人古德意用松节油、硫磺、碳酸钙在高温下与生橡胶加热，获得性能优良的橡胶。从此，橡胶名声大噪，广泛地用作车胎、绝缘线等。由于汽车、飞机工业的迅猛发展，天然橡胶的产量有限，不能满足日益增长的需求。特别是第一次世界大战期间，德国受英国

我国第一座合成纤维产车间

海军封锁，得不到东南亚、南美洲的橡胶，急需以代用品来解燃眉之急，因而，合成橡胶就应运而生了。当时，德国化学家首先用乙炔和丙酮合成橡胶2350吨以解战争的急需。30年代，科学家们又合成了丁苯橡胶和西腈橡胶，虽成本高于天然橡胶，但质量已基本接近天然橡胶。1932年，美国化学家纽兰德先用乙炔氯化、聚合得到 $\alpha$ –氯–1 3丁二烯单体，再聚合成氯丁橡胶。它有耐氧、抗震、抗热等优点，性能已超过天然橡胶了。20世纪50年代以来，合成橡胶产量已超过天然橡胶两倍，年产量达到600万吨。

## 十大超越人类极限的未来技术

目前，世界上有十项被认为是超越人类极限的未来技术，它们依次为人工智能、意识上传、超大型工程、分子制造技术、自我复制的机器人、电子人、太空移民、基因疗法/核糖核酸干预、虚拟现实和人体冷冻。

所谓超越人类极限，就是指通过先进技术提高人类的能力。这里说的技术，当然不是iPod、iPhone、Playstation这些目前最流行的电子玩意儿所采用的技术，而是为消灭疾病、向世界上最穷的人提供廉价而又质量的产品、改善生活质量、社会交流及其他事项所采用的一种重大的战略性技术。而我们普通人也是不会注意到这些技术的，因为它们混合在世界的架构中。但如果技术变得可以获取了，我们就会立即注意到它的存在。而且，技术无所谓昂贵与否，如果一项技术真的有效，那么它就会创造出相当于自身价值许多倍的价值。

以下就是这十项超越人类极限的未来技术：

### 人工智能

未来学派认为，人工智能是完全

有可能的。如果真是这样，那么思维、感知、想象、发现、交流等，就都可实现人工合成的智慧了。而串行运算之充分，并行运算之必需，也都在技术范围所能达到之内。

一旦人工智能得到发展，那么世界将被即将到来的人工智能风潮冲击，但谁也无法说明其中的细节。如果像沙子一样的物质也能被制作成电脑芯片并具有一定的智能性，那么最终太阳系中的绝大多数物质都会变成智能化的，其结果将是"智力复兴期"：智能化的不断扩展超出了人们的想象；相反，如果没有感情因素在其中，人工智能会将人类带向末日。因此，即使人工智能实现了，我们也

必须设立最基本的条件，否则必将自食恶果，后悔莫及。

## 意识上传

意识可以依附于一种载体，就可以依附在另一种载体上。意识上传，有时是指非生物学智慧，即围绕着认知处理过程可以通过本源培养而不是现有的神经元来实现。考虑到神经生理学几十年来的成功经验，和近期世界上首次脑修复术——人工合成海马体，这些似乎真的可行。

其实，我们的意识更多是由其表达的信息模式，而不是其特有的硬件配置来决定的。虽然很多哲学家早已认识到了这点，但要使公众在更广泛的范围内接受似乎还需要一些时间：人们并不愿意承认自己只是个在生物

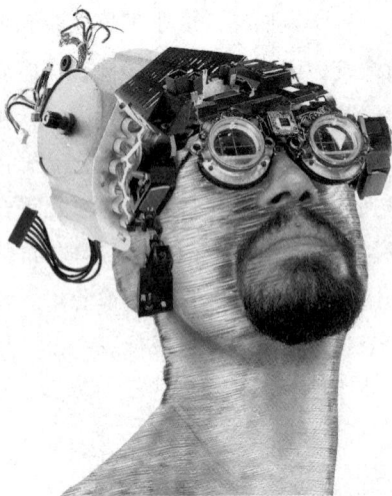

学神经元上安装了自动计算功能的数据处理装置，但很难想到另一点：一旦我们否认了非实质性灵魂的存在，我们必须承认精神也是安装在肉体之上的一种物质形式。但如果除了现有神经元之外的物质能完成这一功能，那么为什么不能说智慧和意识也能通过其他形式存在呢？

## 超大型工程

我们大多熟知那些称为超大型的工程的东西，因为像《死亡之星》之类的科幻作品中到处可见。比如，典型的大型工程指那些至少长达1000千米的巨物，如太空电梯、戴森球体等。如果采用上述所说的自我复制机器人技术，这么大规模的建筑就可以大部分通过自动控制系统完成，我们这些智慧生命只需负责其中最高端的功能与设计部分就可以了。考虑到人类进入太空还需要较长的时间，目前太空中也并没有适合人类居住和使用

的建筑物，我们要做的东西还有很多。不过如果真能建成这些巨型建筑，那将是一件了不起的事情。

## 分子制造技术

如果自我复制是机器人技术的圣杯，那么分子纳米技术就是制造业的圣杯了。分子纳米技术最初由自我复制技术产生而来，应用范围十分广泛，能够以原子的精度生产绝大多数产品。这一概念也被称为"纳诺工厂"。

从实用角度来看，"纳诺工厂"的出现意味着几乎每种产品都可能由钻石造成，发动机也会变得非常强劲，只需1立方厘米就足以驱动一辆汽车；纳诺医疗设备可以用来愈合伤口，并在不动手术的前提下修复患者的患病器官；气悬浮纳诺设备（"效用雾"）在实际生活中可用来模仿所需的物品。另外，它还可以用于制造有效载荷足以杀死上千人的毒药的微

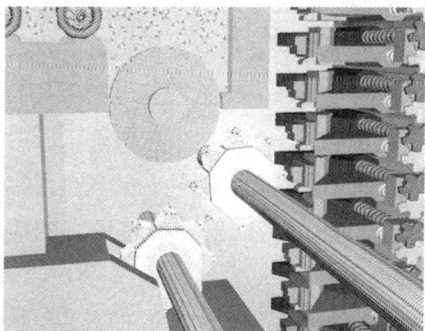

型机器人，或用来生产一种可以用极快速度从U-238中分离出U-235的只有笔记本电脑大小的设备，或自我复制人工合成海藻，等等。这些大量使用的干净应用方法，将会直接将以往肮脏的应用方法淘汰出局。

## 自我复制的机器人

当机器人能够为我们完成一切工作之后，人类自己还能干些什么呢？自我复制被认为是机器人技术中的圣杯。据美国航空航天局（NASA）以"航天飞行中先进的自动控制技术"为题进行的里程碑式的研究结果表明，机器人的自我复制只是机械问题，并不需要进行重大的基础性理论突破。该研究计划将重达100吨的东西送往月球，并给它一年的自我复制时间，让其进行自我复制，直至达到人类预期的水准。

这一计划的构想来自工厂内常见的行驶在铁轨上的电子车，使用这种的东西可以传导太阳光，并融化月球表面的风化层。机器人矿工负责收集原材料，装备一个太阳能电池为其提供全部能源。十年之后，月球工厂的生产量即可达到10万吨，并且全部实现全自动化。如果人类移民月球成

功，也可重新掌控工厂的生产管理，并利用它生产家居用品，提供足量的太阳能。

如果地球上也能建成类似的自我复制系统，那么几乎可以足量提供所有人类所需的物质。自我复制工厂可以通过从海洋抽水，将澳大利亚广袤空荡的荒地变成繁花似锦的大花园；可以融化北冰洋的冰雪，并建成一座适合人类居住的巨大的透明屋顶；可以通过自动控制的潜水装置，深入无生命生存的大洋底部，挖掘那里的沉沙为人类移民兴建新的居住地；……

如果真能这样在地球表面开辟如此大面积的新大陆，人们起码暂时不用再担心人口膨胀等问题了。而当今后人类真的又觉得地球过于拥挤之时，还可以选择移居月球、火星、甚至小行星带，只需使用自我复制的机器人技术为上万亿人类太空移民选择适宜居住的场所就可以了。

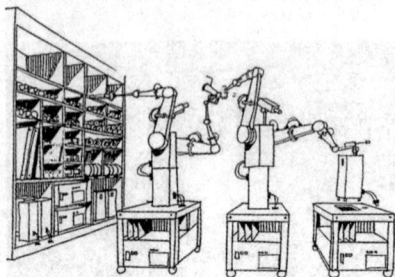